Positives Handeln
bei Said Nursi

Dr. Cemil Şahinöz

Herstellung und Verlag:

BoD- Books on Demand, Norderstedt

ISBN 9783750401068

Wir sind die Vertreter der Liebe.

Für Hass haben wir keine Zeit.

Said Nursi

Inhalt

Vorwort

Langejahre waren die Werke des Islamgelehrten Said Nursi (1877-1960) nur der türkischsprachigen Leserschaft zugänglich. Dank der Übersetzungen, vor allem von Rüstem Ülker und Davut Korkmaz, gelangten sie auch in die deutschsprachige Community. Die Übersetzungen in diesem Buch sind größtenteils von diesen beiden Übersetzungen übernommen. Hierfür sei beiden ein Dank für ihre großartige Leistung ausgesprochen.

So befinden sich in diesem Band verschiedene Textstellen und Aufsätze Said Nursis zum Thema Positives Handeln, welches ein Grundpfeiler aller Gesellschaften ist. In einigen Abschnitten mussten Bereiche weggelassen werden, wenn sie keinen Bezug zum Thema hatten und sonst den Rahmen dieser Arbeit sprengen würden. Daher wurden nur die Textstellen übernommen, die im Kontext des Themas stehen. Nach jedem Abschnitt steht in Klammern aus welcher Schrift Said Nursis der Abschnitt übernommen wurde.

Dabei sind Nursis Texte so authentisch, da er diese zunächst seiner eigenen Seele niederschreibt. Zu Beginn seines Werks "Die Worte" schreibt er: „Oh Bruder! Du möchtest von mir einige Ratschläge. So höre denn acht kleine Geschichten, die ich meiner (eigenen) Seele erzählen werde und entnimm ihnen einige Wahrheiten! Denn meine Seele ist es, die dieser guten Ratschläge vor allen anderen bedarf. Ich hatte schon einmal aus acht Koranversen meinen Nutzen gezogen und auch etwas längere Worte zugesprochen. Nun möchte ich sie noch einmal in kurzen, allgemeinverständlichen Worten wiederholen. Wer es wünscht, möge mir dabei zuhören." Auf diese Art und Weise erreicht er auch seine Leserschaft tief im Herzen.

Seine Leserschaft ist schon zu Lebzeiten so groß geworden, dass sie zu einer eigenen Bewegung wurde. Diese Bewegung wird heute als die Nurculuk Bewegung bezeichnet, seine Anhänger wiederum als Nurcus.

Zum Schluss sei noch erwähnt, dass der Erlös dieser Arbeit zu 100% als Spende an gemeinnützige Zwecke geht.

Dr. Cemil Şahinöz

Einführung

Der Islamgelehrte Said Nursi erklärt sich gegen jede Art von Gewalt, Extremismus, Fanatismus und Anarchie (2001c, S. 27, 111). „Ein wahrer Muslim, ein aufrichtiger Gläubiger wird niemals für Anarchie und Gesetzlosigkeit Partei ergreifen. Was die Religion auf äußerste verbietet, ist Aufruhr und Anarchie. Denn eine Anarchie respektiert überhaupt kein Recht" (2001a, S. 566; k.A.b, S. 937).

Denn die Aufgabe der Nurcus sei nicht Zerstörung, sondern Aufbau (2000a, S. 52; 2001c, S. 455). „Demgegenüber ist es unser Weg, sich positiv zu verhalten und auch danach zu handeln. Er erlaubt uns nicht, mit anderen zu streiten, ja noch nicht einmal in Gedanken" (2000a, S. 188; k.A.a, S. 222).

Es gehe in der Nurculuk Bewegung nicht nur um die Stärkung des eigenen Glaubens, sondern auch um die der Gesellschaft (2000a, S. 154). Auch hat Nursi keine Rachegefühle gegenüber seinen Gegnern. Er schreibt, dass seine Gegner glaubten, er würde sich mit Gewalt an ihnen rächen: „Sie irren sich. Unsere gesamte Stärke setzen wir gegen die Anwendung von Gewalt und Anarchie ein" (2001c, S. 30). Er vergibt denen, die ihn verurteilten: „Wenn die Beamten des Gesetzes, die das Risale-i Nur mit der Absicht studieren, es zu kritisieren, ihren Glauben durch das Schriftenwerk stärken und retten, so seid Zeuge, dass ich ihnen vergebe. Denn wir sind hier um zu dienen. Wir sind verpflichtet, dem Glauben zu dienen, ohne zwischen Freund und Feind zu unterscheiden, ohne parteiisch zu sein" (2000b, S. 341; 2004a, S. 456). An anderer Stelle heißt es: „Wenn diejenigen, die mich zum Tode verurteilt haben aufgrund der schweren Schläge des Risale-i Nur, welches nach Ankara gesandt wurde, wenn diejenigen ihren Glauben durch das Risale-i Nur bewahren und vor der ewigen Vernichtung bewahrt werden, so seid ihr Zeugen dafür, dass ich ihnen mit meinem Leben und meiner Seele vergebe!" (2000b, S. 258; 2004c, S. 334).

An anderer Stelle wird dies noch einmal deutlich: „Alles Materielle und Immaterielle, was ich besitze, habe ich geopfert. Ich habe jede Qual ertragen müssen. Jeder Folter bin ich mit Geduld begegnet. Auf diese Weise verbreiteten sich die Glaubenswahrheiten (gemeint sind seine Werke; A.d.A.) in alle Ecken. Hunderte, vielleicht Millionen Schüler wurden dadurch ausgebildet. Diese Schüler werden nun in dem Dienste des Glaubens weitermachen. Und sie werden sich nicht von meinem Prinzip, alles Materielle und Immaterielle zu opfern, trennen. Sie werden nur für den Schöpfer arbeiten. Ich möchte nicht, dass meine Schüler auch nur die kleinste Spur von Hass oder Rachegefühlen gegen die Leute tragen, die mich gefoltert und gequält haben. Stattdessen empfehle ich ihnen Loyalität und Standhaftigkeit gegenüber der Risale-i Nur" (2001c, S. 318).

Doch nicht nur mit den Gegnern soll nicht gestritten und gekämpft werden, sondern auch nicht mit Theologen, die sich, aus welchem Grund auch immer, gegen die Bewegung stellen (2000b, S. 280; 2001c, S. 116; 2004a, S. 361). Für den Frieden des Volkes, insbesondere der Kinder, der alten, kranken und armen Menschen, ist Nursi bereit, sein Leben einzusetzen (2001c, S. 29). Er ist fest davon überzeugt, dass eine Gesellschaft stets zusammenhalten muss: „Gegenseitige Unterstützung in einer Gesellschaft sorgt dafür, dass der Stillstand zu Aktivität wird, während gegenseitiger Neid alle Aktivität zum Stillstand bringt. Wenn eine Gemeinschaft nicht eins und ganz, eine ungeteilte Zahl ist, macht eine Addition sie schwächer wie das Multiplizieren von Brüchen" (2001b, S. 459; 2004b, S. 618). „In seinem letzten Brief an seine Schüler wiederholte Nursi nochmals eines der zentralen Prinzipien für den Dienst am Islam: das Prinzip des ′positiven Handelns′, d.h. nicht die Kritik oder Zerstörung des Schlechten oder Falschen zählt, sondern die Schaffung und Verkörperung des Richtigen und Guten" (Bilici, 2003, S. 175).

Ähnlich wie Sokrates, ist Nursi über die Tatsache, dass ihm die Todesstrafe droht, nicht besorgt: „Da das der Fall ist, sage ich nicht zum Gericht hier, sondern zu jenen ungerechten Männern: keine zwei Groschen gebe ich für die härteste Strafe, die ihr über mich verhängt; sie hat gar keine Bedeutung. Denn ich bin fünfundsiebzig Jahre alt und stehe mit einem Fuß im Grab. Ein oder zwei Jahre des unschuldigen Lebens in Verfolgung gegen den Rang des Märtyrertums einzutauschen wäre das größte Glück für mich. Dank der tausenden Beweise des Risale-i Nur glaube ich mit äußerster Gewissheit, dass für uns der Tod unser Entlassungspapier ist. Selbst wenn der Tod äußerlich die Hinrichtung ist, so wäre für uns eine einstündige Not der Schlüssel zur ewigen Wonne und Gnade. […] Ja, die Realität des Todes, die diese Stadt einhundert Mal entleert hat, hat Forderungen, die größer sind als das Leben. Einen Weg zu finden, vor dieser sicheren Hinrichtung befreit zu sein, ist das größte Bedürfnis des Menschen, wichtiger als alles andere. Jene, die mit simplen Vorwänden den Anhängern des Risale-i Nur Schuld geben, die diesen Weg für sich selbst gefunden haben; jene, die dem Risale-i Nur Schuld geben, obwohl das Schriftenwerk jenen Weg mit tausenden Beweisen liefert --- wie schuldig sie selbst sind in den Augen der Wahrheit und Gerechtigkeit, das würden selbst Verrückte verstehen" (2000b, S. 323; 2004a, S. 427ff).

Nursis einziger Slogan lautet daher: „Wir sind die Vertreter der Liebe. Für Hass haben wir keine Zeit" (1978, S. 49; 1995, S. 92ff). „Bei Nursi treffen wir weder auf einen islamischen Populismus, der das Ziel hätte, den Staat zu kontrollieren, noch auf einen Islam, der dem Staat leicht als Rechtfertigung für seine Unterdrückungspolitik zur Kontrolle der Gesellschaft dienen könnte. Auch handelt es sich nicht um einen Islamismus, eine nationale Befreiungsbewegung. Nein, Nursis Projekt war eine auf dem Glauben basierende Bewegung mit dem Ziel, ein ethisches System wiederherzustellen" (Yavuz, 2004, S. 129). Es war ihm bewusst, dass dieses ethische System nur ohne Gewalt entstehen konnte. Deshalb appelliert er ständig auf Freiheit und Unabhängigkeit: „Ohne Brot kann ich leben, aber ohne Freiheit nicht" (2001c, S. 18). Die Gedankenfreiheit sei das Schwert der Zivilisation und die Quelle aller kreativen Kräfte (2001a, S. 54-68; h.z.n. Yavuz, 2004, S. 130). Nur durch die Freiheit könne man den höchsten Rang des Glaubens erreichen.

Yavuz (2004) interpretiert das System des positiven Handelns von Said Nursi folgendermaßen: „Nursis ethisches System zehrt aus Konzepten wie dem positiven

Verhalten, der Gottesfurcht oder Frömmigkeit, der Zuverlässigkeit, der Selbstachtung, der Brüderlichkeit und Freundschaft, sowie der Aufrichtigkeit. Er ruft seine Anhänger dazu auf, die Abhandlung über die Aufrichtigkeit alle zwei Wochen zu lesen. Besitzt ein Mensch diese sechs Charakteristika, dann ist er durchaus in der Lage, seine Umgebung vor verwerflichen Aktivitäten zu schützen. Der Glaube ist für Nursi wie ein Licht, das einen zum rechten Verhalten leitet. Bei näherer Betrachtung fordert Nursi dazu auf, durch Vermeidung von Konflikten und der Beteiligung an intellektuellen Debatten ein ′positives Verhalten′ an den Tag zu legen und durch gute Taten das soziale und kulturelle Leben der Gesellschaft zu formen. Glaube ohne Taten ist wie ein Boot ohne Ruder. Nursi ermuntert stets ′positiv′ zu handeln und das Verhalten im Alltag auf die Gottesfurcht zu gründen, die er definiert als ′Vermeidung abgeratenen und sündigen Verhaltens, nach islamischen Grundsätzen zu handeln und zur Ehre Gottes gute Taten zu tun.′ Vor der religiösen Übung steht natürlich das Vermeiden sündigen und unerlaubten Handelns. Für Nursi erfordert der Islam gute Taten, Toleranz, Liebe und Vernunft."

Auch Vahide (1999) betont, was positives Handeln bei Said Nursi ausmachte und welchen gesellschaftlichen Nutzen sie hatte: „Darüber hinaus bestand kein Zweifel daran, dass die Nur Bewegung und ihre wirksame Methode des ′positiven Handelns′ in der Türkei nachhaltig moralisches Erstärken bewirkt und einen aufgeklärten Islam entstehen ließ. […] In der letzten Lektion, die Nursi seinen Studenten vor seinem Tod gab, betonte er, dass das Konzept des geistigen Engagement und Bemühens für den Weg des Risale-i Nur von zentraler Bedeutung sei und wiederholte, dass die Unschuldigen nicht wegen den Taten einiger Verbrecher leiden und in Mitleidenschaft gezogen werden dürften. [...] ´Unsere Pflicht muss das ´positive Handeln´ sein, nicht das ´negative Handeln´. Es gilt, einzig dem Glauben (in den Religionswahrheiten) zu dienen, in Übereinstimmung mit dem göttlichen Wohlgefallen, und ´sich nicht in Gottes Belange einzumischen´... der positive Dienst am Glauben, der die Wahrung öffentlicher Ordnung und Sicherheit mit sich bringt.´ Tatsächlich beschrieb Nursi die Risale-i Nur Schüler als die ´Bewahrer des öffentlichen Friedens.´ Denn beim ´Lehren der Glaubenswahrheiten pflanzen sie in den Kopf eines jeden ´eine Barriere´ gegen (falsches Handeln) ein, und bewahren dadurch die öffentliche Ordnung und Sicherheit. [...] Der Weg des Risale-i Nur erfordert ´positives Handeln´ gegenüber allen, gleichgültig welcher Konfession und Weltanschauung, gegenüber Christen und sogar gegenüber Anhängern abtrünniger Sekten innerhalb des Islams. Dies galt selbst dann, wenn sie aggressiv oder feindselig waren. [...] Ein weiterer Aspekt des ´positiven Handelns´ waren Geduld und Nachsicht angesichts von Unterdrückung; dies verlangte ein extrem hohes Maß an Selbstaufopferung. [...] An diese Prinzipien hielt er sich sein ganzes Leben lang. [...] Nursi stellte diese Prinzipien niemals in irgendeiner Art von Manifest dar, sondern erklärte sie seinen Studenten, wie es die Umstände erforderten. [...] Daher hielt Nursi es für die oberste Pflicht der Risale-i Nur Studenten, die öffentliche Ordnung und Sicherheit zu wahren, selbst angesichts der vorsätzlichen und schweren Provokationen, Unterdrückung und Ungerechtigkeit, worunter sie zu leiden hatten, und für

12

die Einheit und Solidarität der Gesellschaft zu arbeiten. […] Ja, Nursi sah dem entgegen, dass diese positive Methode der Erneuerung und Aufklärung in der ganzen muslimischen Welt übernommen werden und dadurch eine stabile Grundlage für ihre Zukunft bieten würde."

Die Risale-i Nur Schüler versuchen diese Eigenschaft Nursis weiterzuführen. Mehmet Fırıncı, einer der Schüler Said Nursis zu dessen Lebzeiten betont, dass die Nurcus nie zur Gewalt aufrufen: „Die Risale-i Nur Schüler haben niemals eine Waffe zur Hand genommen. Wir haben uns nie an Aufständen beteiligt. Unser Meister war niemals gewalttätig. Er hat versucht Gewalt und Krieg zu verhindern" (Şahinöz, 2019c, S. 227ff). Hierfür gibt Fırıncı eine kleine Anekdote aus dem Jahre 1979, als es in der Türkei zu Studentenaufständen kam, wieder: „Unsere Studenten wurden an einem Tag von den Linken verprügelt. Einen Tag später von den Rechten. [...] Sie kamen zu uns und fragten, `Was sollen wir tun? Jeden Tag gibt es Massenschlägereien. Können wir nicht wenigstens um die Leute abzuschrecken, Waffen tragen?´. Wir haben es ihnen strikt verboten. ´Wenn es nötig ist, brecht euer Studium ab. Wenn die Aufstände vorbei sind, könnt ihr wieder an die Universität. Aber greift auf keinen Fall zur Waffe´, haben wir geraten. Es war nicht leicht, sie davon abzuhalten, aber es klappte." Lemmen (1997) hebt diese Besonderheit der Gruppe hervor: „Gewaltsame, aggressive und revolutionäre Ideen sind nach Auffassung der Nurculuk Bewegung nicht geeignet, Freiheit im wohlverstandenen Sinne zu gewähren, zu garantieren und zu schützen."

Dies betont auch Mustafa Sungur, einer der Schüler Said Nursis zu dessen Lebzeiten: „Bevor unser Meister starb, hinterließ er uns ein Erbe: Positives Handeln. Er sagte uns, handelt immer positiv, nicht negativ. Gegen jedes Problem müssen wir mit Geduld antworten, damit Frieden in der Gesellschaft herrscht. Die Nur-Schüler sind dazu verpflichtet" (Aköz, Atal, 16.12.2004). Ein weiterer Schüler Said Nursis, Mehmet Kırkıncı hierzu: „Said Nursi hat eine Bewegung gegründet. [...] Eine Bewegung, die nicht einmal auf eine Ameise tritt. Sie sind gegen Anarchie und Zwietracht. Wie unser Meister es sagt, sind sie die Vertreter der Liebe. Für Hass haben wir keine Zeit. Mit Hass schadet der Mensch sowohl sich selbst als auch anderen Menschen" (Aköz, Atal, 17.12.2004).

Auf Grund dieses Positiven Handelns und was es mit seinen Anhängern macht, ist Şerif Mardin (2003, S. 45) der Ansicht, dass man Nursis Ideen noch mehr Beachtung schenken muss: „Ich glaube, dass Said Nursis Gedanken zu den führenden Ideensammlungen unter islamischen Denkern gehört. Es sind nicht nur Nursis Intellektualismus und Frömmigkeit, die den Leser berühren, sondern der tiefe menschliche Respekt, der seinen Ideen innewohnt. Es ist durchaus angebracht, diese Eigenschaft von Nursis Werk in einer Zeit hervorzuheben, wo einige ihre Verbundenheit mit dem Islam dadurch demonstrieren, dass sie ein Gewehr schwingen."

Said Nursi über Positives Handeln

Was bedeutet Positives Handeln?

Sich positiv verhalten, das heißt, sein Verhalten in der Liebe zum eigenen Weg ausrichten, Feindschaft gegenüber anderen Wegen, ihren Fehlern und Mängeln nicht nähren, ihr Wissen und Denken nicht kritisieren und sich mit dergleichen Dingen nicht beschäftigen. (20. Blitz; k.A.d)

Positives Handeln ist in der Schöpfung zentral

Für diejenigen, die über gesunden Menschenverstand verfügen, steht fest, dass in der Schöpfung das Gute die Hauptsache), das Böse jedoch nur nebensächlich ist. Das Gute ist allumfassend, das Böse jedoch nur ein Teil.

Es scheint also folgendermaßen zu sein: in der Welt hat sich für jede einzelne Wissenschaft ein eigener Bereich gebildet und entsteht noch weiterhin.

Was die Wissenschaft betrifft, so besteht sie aus den von ihr anerkannten Lehrmeinungen. Was die Sammlung dieser Lehrmeinungen betrifft, so verhilft sie dazu, die Wohlordnung in ihrer bestimmten Art zu entdecken.

Das also heißt, dass alle Wissenschaften insgesamt die wahren Zeugen der Wohlordnung sind. Die Sammlung dieser Lehrmeinungen ist ein Beweis für die Wohlordnung. Denn wenn sich in einem Ding keine Wohlordnung findet, kann eine Regel nicht für das Ganze gelten.

Und infolge vieler Ausnahmen entsteht ein Durcheinander. Was die Glaubwürdigkeit der obigen Zeugen feststellen lässt, ist die Schlussfolgerung durch einen weisen Blick.

Manchmal ist diese Wohlordnung jedoch in der Tat nicht mehr erkennbar. Denn ihr Rahmen übersteigt bereits ihren Horizont. Da er nicht umfassend und zur Gänze vorstellbar ist, kann eine solch einzigartige Beschreibung der Wohlordnung nicht sichtbar werden.

Daher steht durch die Zeugnisse aller Wissenschaften und die Bestätigung durch eine Schlussfolgerung, die aus einem weisen Blick entsteht, fest, dass in der Schöpfung der Welt das Hauptziel und absolut vorherrschend einzig und allein die Schönheit, das Gute, das Recht und die Vollkommenheit ist.

Was aber das Böse, das Schlechte und den Irrtum betrifft, so sind diese Dinge nur nebensächlich; sie müssen vollkommen unterliegen und ausgelöscht werden. Und auch wenn sie mit aller Macht hereinbrechen, so ist selbst dies nur vorübergehend. (Ärztliches Rezept; k.A.e)

Wer im gesellschaftlichen Leben der Menschheit einen neuen Weg einschlagen will, kann nichts Gutes zustande bringen, keinen Fortschritt erzielen und keinen Erfolg haben, wenn er sich hier in dieser Welt nicht im Einklang mit den Naturgesetzen befindet. Was er tut, erweist sich als destruktiv und alle seine Handlungen werden ihm als Bosheit angerechnet. (22. Blitz; k.A.d)

Der Mensch kann positiv oder negativ handeln

Ja, oh Mensch!

In dir sind zwei Grundzüge: der eine Grundzug ist Genialität, wahres Sein, Wohltätigkeit, Lebensbejahung, Handlungsfähigkeit.

Der andere Grundzug ist Unheil, Verneinung, Übel, Lebensverneinung, Passivität.

Hinsichtlich des ersten Grundzuges stehst du noch unter Biene und Sperling, bist du schwächer als Spinne und Fliege.

Hinsichtlich des zweiten Grundzuges übertriffst du den Berg, die Erde, die Himmel. Du trägst eine Last, vor der sie den Mut verlieren, ihre Schwäche zeigen. Du wirkst in einem weiteren und größeren Bereich als sie.

Denn wenn du tust, was gut und genial ist, kannst du nur innerhalb deiner Schwingungsweite und soweit deine Hand reicht, deine Kraft es vermag, genial und gut sein. Wenn du aber Übel und Unheil anrichtest, werden das Übel und das Unheil sich wie eine Seuche ausbreiten. [...]

Die eigenwillige Seele kann in ihrer übelwollenden, unheilvollen Art zahllose Verbrechen begehen, aber ihre Fähigkeit, genial und gut zu sein, ist sehr schwach und unbedeutend.

Ja, sie vermag ein Haus an einem Tag zu zerstören, aber nicht in hundert Tagen zu bauen.

Wenn sie jedoch ihren Egoismus aufgibt, von Gott die Führung zum Guten und zum wahren Sein erbittet, sich von Übel, Unheil und Selbstüberhebung abwendet, um Vergebung bittet, ein vollkommener Diener und Verehrer (Gottes) wird, dann erlangt sie das Geheimnis: „Allah wird seine Schuld in Gutes verwandeln" (Koran, 25:70). Ihre grenzenlose Fähigkeit zum Schlechten wandelt sich in eine grenzenlose Fähigkeit zum Guten. Sie nimmt den Wert eines "Ahsen-i Taqvim" (Schönsten in der Schöpfung) an und steigt zur höchsten Höhe auf.

Nun denn, oh du unbedachter Mensch!

Betrachte die Fülle und die Freigiebigkeit Gottes des Gerechten!

Obwohl es billig und gerecht wäre, für eine einzige Schuld tausend zu schreiben und für eine gute Tat eine oder gar nichts zu schreiben, schreibt Er für eine Schuld nur eine, für eine gute Tat dagegen zehn, manchmal siebzig, manchmal siebenhundert, manchmal siebentausend.

Ziehe also aus dieser Anmerkung den Schluss, dass in die furchtbare Hölle zu kommen billig und gerecht, der Lohn deiner Taten ist, ins Paradies einzugehen aber lautere Freigiebigkeit. [...]

Der Mensch hat zwei Gesichter.

Das eine betrifft sein Ego und ist dem weltlichen Leben zugewandt.

Das andere betrifft den Dienst und die Anbetung und blickt auf das Ewige Leben.

Hinsichtlich des ersten Gesichtes ist er ein so hilfloses Geschöpf, dass sein Grundkapital nur ein bedeutungslos schwacher Wille - ein Wille, dünn wie ein Haar - ein geringes Vermögen Macht, eine schnell verlöschende Flamme Vitalität, eine schnell vergehende Spanne Leben und ein rasch verfallendes Stückchen Dasein ist.

Zugleich befindet er sich in diesem Zustand als ein empfindliches und schwaches Exemplar unter ungezählten anderen Exemplaren innerhalb der unendlich großen Familie, die über alle Schichten der ganzen Welt verstreut ist. Hinsichtlich des zweiten Gesichtes und besonders, was seine Schwäche und Armseligkeit betrifft, die auf Dienst und Anbetung ausgerichtet ist, verfügt er über eine besonders große Schwingungsweite.

Und er besitzt eine besonders große Bedeutung.

Denn: Der weise Schöpfer hat den Menschen in der Geistigkeit seines So-Seins mit einer unendlich großen Schwäche und einer grenzenlos weiten Armseligkeit ausgestattet.

So sei er wie ein universeller Spiegel des Barmherzigen in Seiner grenzenlosen Macht und des Herrn allen

Reichtums und aller Freigiebigkeit in Seinem grenzenlosen Reichtum, ein universeller Spiegel, der die zahllosen Erscheinungen des Allmächtigen sammelt. (23. Wort; k.A.c)

Negatives Handeln ist einfach

In der überwiegenden Mehrheit (aller Fälle) sind Irreleitung und Bosheit negativ und destruktiv, vernichtend und zerstörerisch bis zum Nichtsein, während zugleich in der überwiegenden Mehrheit (aller Fälle) die Rechtleitung und das Gute positiv, konstruktiv, aufbauend und gestaltend im Dasein sind.

Es ist ja allgemein bekannt, dass ein einziger Mann an einem einzigen Tag ein Bauwerk zerstören kann, was zwanzig Mann in zwanzig Tagen aufgebaut haben.

Obwohl sich also das menschliche Leben in der Tat fortsetzt, wenn alle lebenswichtigen Organe vorhanden und alle Lebensbedingungen gegeben sind, und obwohl (dieses Leben) dem Schöpfer in Seiner Majestät zu Eigen ist, kann dennoch ein Despot durch die Entfernung eines Organs einen Menschen zu Tode bringen, der das Nichtsein im Vergleich zum Leben (und Dasein) ist.

Deshalb ist die Redewendung „Zerstören ist leicht" sprichwörtlich geworden. […]

Die Leute der Erforschung und die Gefährten der Entdeckungen sind sich darin einig, dass Nicht-Sein die Unvollkommenheit alles Bösen und das Da-Sein das vollkommene Gute ist.

20

Tatsächlich richtet sich alles Gute, alle Tugend und jede Vollkommenheit in der überwiegenden Mehrzahl aller Fälle auf die Schaffung positiver Werte aus und greift auf sie zurück.

Selbst dort noch, wo es - äußerlich gesehen - negativ und wie abwesend erscheint, ist es doch in seinem Kern durchaus positiv und gehört dem Bereich des Seins an.

Dem gegenüber ist der Kern, die Hefe jeden Irrwegs, alles Bösen, jeder Auflehnung und allen Unglücks, das Nicht-Sein und die Verleugnung.

Alle Bosheit und Hässlichkeit, die wir in ihnen finden, erwachsen aus einem Mangel heraus.

Selbst dort noch, wo sie - äußerlich gesehen - als positiv und auf das Dasein ausgerichtet erscheinen, bleiben sie doch ihrem Kern nach negativ und gehören dem Bereich des Nicht-Seienden an.

Auch steht ganz offensichtlich fest, dass die Existenz eines Dinges, wie z.B. eines Gebäudes, auf dem Vorhandensein all seiner einzelnen Teile beruht, während seine Zerstörung, seine Vernichtung, sein Nichtvorhandensein durch das Fehlen dieser Teile zu Stande kommt.

Zudem verlangt ein jedes Dasein in jedem Fall nach dem Vorhandensein einer Ursache, stützt sich auf etwas, das real und tatsächlich vorhanden ist.

Was aber das Nichtsein betrifft, so kann es auf Dingen beruhen, die nicht gegeben sind.

Ein Ding, das nicht vorhanden ist, kann die Ursache für etwas sein, das nicht gegeben ist.

So ist es denn die Konsequenz dieses Grundsatzes, dass Tyrannen trotz der fürchterlichen Zerstörungen, die sie in der Welt anrichten, trotz aller Arten von Irreleitung und Vernichtung, so wenig wie sie bei Seiner Erschaffung mitwirken und auch nur ein Stäubchen ins Dasein rufen könnten, so auch keinen Anspruch auf das Reich Gottes haben.

Und so wie es nicht ihre Werke sind, die auf Grund irgendeiner Macht oder Fähigkeit etwas bewirken können, so sind dies in vielen ihrer Werke nicht ihre Macht und Fähigkeit sondern ihre Nachlässigkeit und ihre Unterlassung.

Indem sie nicht erlauben, dass das Gute getan wird, bewirken sie das Böse.

Das heißt also, das Böse geschieht. Denn da das Böse und alles Übel eine Art von Zerstörung ist, braucht ihr Anlass nicht eine tatsächlich existierende Macht und ein schöpferisches Werk zu sein; vielmehr geschieht ein solch riesiges Ausmaß an Vernichtung durch eine Art Befehl, nicht zu sein, und eine Vorbedingung, die zerstört worden ist. […]

So ist denn, oh ihr Leute des Glaubens, eure

wirkungsvollste Waffe und das Werkzeug, das euch gegeben wurde, um die schrecklichen Zerstörungen wieder zu beheben, die Bitte um Vergebung, wenn wir sagen „Ich suche meine Zuflucht bei Gott" und so Schutz suchen bei Gott dem Gerechten. Und eure Burg ist die Gelobte Sitte des Propheten Muhammed. (13. Blitz; k.A.d)

Es ist nun einmal leicht, zu zerstören. Mit einem Streichholz kann man ein Dorf in Brand stecken. (5. Strahl; k.A.f)

Die Zerstörung ist sehr viel einfacher als eine Reparatur. (14. Wort; k.A.c)

Weil der Irrweg leicht, zerstörerisch und aggressiv ist, schlagen viele diesen Weg ein. (13. Blitz; k.A.d)

Positives Handeln ist der Weg der Nurculuk Bewegung

Wir sind die Vertreter der Liebe. Für Hass haben wir keine Zeit. (Sein Leben und Werk; k.A.b)

Unser Weg besteht in einer positiven Haltung. Denn der Koran verbietet uns negatives Handeln. (Sein Leben und Werk; k.A.b)

Die Risale-i Nur folgt einem durchaus positiven Ansatz. (Sein Leben und Werk; k.A.b)

Wir reagieren in unserem Dienst stets in positivem Sinne. (29. Brief; k.A.g)

23

Unsere gesamte Stärke setzen wir gegen die Anwendung von Gewalt und Anarchie ein. (Briefe aus Emirdağ; k.A.h)

Meine lieben Mitbrüder! Unser Weg ist nicht der Angriff, sondern die Verteidigung. Zudem ist er nicht die Vernichtung, sondern die Wiederherstellung. (Briefe aus Kastamonu; k.A.a)

Demgegenüber ist es unser Weg, sich positiv zu verhalten und auch danach zu handeln. Er erlaubt uns nicht, mit anderen zu streiten, ja noch nicht einmal in Gedanken. (Briefe aus Kastamonu; k.A.a)

Schließlich müssen wir uns stets positiv verhalten. In unseren Händen halten wir das Licht, nicht die politische Keule. Und hätten wir auch hundert Hände, so sind sie doch allein für das Licht schon genug. (Sein Leben und Werk; k.A.b)

Die Schüler der Risale-i Nur sollen deshalb im Falle eines Angriffs äußerst vorsichtig sein, sich nicht streiten und sich auch nicht provozieren lassen. (Briefe aus Emirdağ; k.A.h)

Zeit und Ort und die positive Haltung auf dem Wege der Risale-i Nur erlauben uns nicht, uns mit derartigen Leuten in Worten, ja noch nicht einmal in unseren Gedanken oder auch nur in unserer Vorstellung, zu beschäftigen. (Briefe aus Kastamonu; k.A.a)

Gewaltlosigkeit - Die öffentliche Sicherheit und Ordnung nicht gefährden

Und nun müssen wir auch positiv handeln, um mit aller Kraft im Inland auch nur die öffentliche Sicherheit und Ordnung zu wahren. (Briefe aus Emirdağ; k.A.h)

Doch obwohl ich seit zwanzig Jahren aufs Schwerste unterdrückt worden bin und (in diesen Jahren meiner Gefangenschaft jeder nur möglichen Art) Schikanen ausgesetzt war, habe ich mich dennoch nie um die Politik gekümmert, noch die Regierung provoziert, noch die öffentliche Ordnung gestört.

Obwohl ich Hunderttausende von Freunden der Risale-i Nur habe, ist doch kein einziger Fall registriert worden, wo die öffentliche Ordnung gestört worden wäre. (14. Strahl; k.A.f)

Aufgrund des Mitleids, das die Basis meines Weges und die der Risale-i Nur und seit dreißig Jahren der Grundsatz meines Lebens ist, kritisiere ich nicht die Verbrecher, welche einem Unschuldigen Schaden zufügen und mir Unrecht tun und verfluche sie schon gar nicht.

Sollten mir noch im höchsten Zorn Unrecht tun, so hält mich doch mein Mitleid davon ab, sie physisch anzugreifen oder gar zu verfluchen.

Denn selbst diese heimtückischen Unmenschen haben gleich ihren Eltern bedauernswerte Alte oder Unschuldige, wie die Kinder, weshalb ich diese heimtückischen Unmenschen niemals angreifen würde,

25

damit nicht vier oder fünf Unschuldige zu Schaden kommen.

Und manchmal verzichte ich sogar auf mein Recht. Es geschieht aus dem Geheimnis dieses Mitleids heraus, dass ich mich absolut niemals in (die Angelegenheiten) der Regierung einmische oder (gar) die öffentliche Ruhe und Ordnung störe, wie ich dies auch allen meinen Gefährten so sehr eingeschärft habe, dass sogar einige der gerecht denkenden Polizeibeamten in den drei Provinzen (Eskişehir, Denizli, Afyon) zugegeben haben: „Diese Nur-Schüler sind ihrer Gesinnung nach auch Polizisten. Sie unterstützen die Verwaltung und sorgen für Ruhe und Ordnung (im Lande)." Für diese Tatsache gibt es Tausende von Zeugen.

Sie bestätigen, dass in zwanzig Jahren ihres Lebens die Polizei noch nie einen Zwischenfall mit ihnen aufgezeichnet hat; und Tausende von Schülern bestärken dies nochmals. […]

Ja wofür sollte das denn gut sein, Tausende frommer Menschen, die durch ihre gute Gesinnung der öffentlichen Sicherheit und Ordnung dienen, mit einigen haltlosen Verdächtigungen gegen die Verwaltung und gegen die öffentliche Sicherheit und Ordnung aufzubringen? (14. Strahl; k.A.f)

Ein Grund unter vielen Gründen für unsere Enthaltung ist unser Mitempfinden, uns an Gewalttaten nicht zu beteiligen und keinen Schaden zu stiften, was eine der vier Grundprinzipien der Risale-i Nur ist. (Briefe aus Emirdağ; k.A.h)

Jedoch konnten wir durch die starke Liebe, welche die Risale-i Nur bei uns zustande gebracht hat, [...] und dadurch, dass wir in unserer Hand anstelle einer Keule eine Fackel halten, und dem Grundsatz zufolge, die öffentliche Sicherheit und Ordnung mit ganzer Kraft sicherzustellen, welcher ein Erfordernis unseres Weges ist, diesen Ungerechten materiell nicht entgegentreten. (Briefe aus Emirdağ; k.A.h)

Die Schüler der Risale-i Nur stören nicht den Frieden und gefährden nicht die Sicherheit, sondern schützen vielmehr die Nation mit ihrer ganzen Kraft und Überzeugung vor der Anarchie und wahren den Frieden und bewachen die Sicherheit. (14. Strahl; k.A.f)

Wenn sich in einem Haus oder auf einem Schiff neben einem einzigen Unschuldigen auch noch zehn Verbrecher befinden, verbietet die Gerechtigkeit des Korans, um das Recht dieses einen Unschuldigen nicht zu verletzen, dieses Haus zu verbrennen oder dieses Schiff zu versenken.

Denn neun Unschuldige wegen eines einzigen Verbrechers dadurch zugrunde gehen zu lassen, dass man dieses Haus verbrennt oder dieses Schiff versenkt, wäre eine Methode von äußerster Ungerechtigkeit und Verrat und ein Ausdruck von Hass.

Aus diesem Grund verbietet uns die Gerechtigkeit Gottes und die Wahrheit des Korans ausdrücklich, auf diese Weise die öffentliche Sicherheit und Ordnung im Inland zu gefährden und wegen zehn Verbrechern neunzig

Unschuldige in Gefahr zu bringen und ihnen einen Schaden zuzufügen.

Daher wissen wir, dass wir von unserem Glauben her und in Anbetracht dieses Unterrichts aus dem Koran verpflichtet sind, mit all unser Macht die öffentliche Sicherheit und Ordnung zu bewahren. (Briefe aus Emirdağ; k.A.h)

Ein wahrer Muslim, ein aufrichtiger Gläubiger wird niemals für Anarchie und Gesetzlosigkeit Partei ergreifen. Was die Religion auf äußerste verbietet, ist Aufruhr und Anarchie. Denn eine Anarchie respektiert überhaupt kein Recht. (Sein Leben und Werk; k.A.b)

Sich von destruktiven Diskussionen fernhalten

Richtet diesem Prediger, dieser gelehrten Persönlichkeit meine Grüße aus. Seine Kritik und was er an meiner Person auszusetzen hat, nehme ich hiermit gehorsamst entgegen.

Und auch ihr solltet nicht mit diesen und ähnlichen Personen streiten und sie auch nicht zu (irgendwelchen) Disputationen herausfordern.

Ja selbst wenn wir angegriffen werden, solltet ihr dem nicht mit einem Fluch entgegnen.

Wer immer es auch sein mag: da er nun einmal einen Glauben hat, ist er (wenigstens) in diesem Punkt unser Bruder.

Auch wenn er uns Feindschaft entgegen bringt, dürfen wir ihn aus unseren Grundsätzen entsprechend nicht entgelten lassen. […]

Zudem halten wir in unseren Händen nur das Licht, nicht aber eine Keule.

Ein Licht verletzt uns nicht, sondern liebkost uns mit seinen Strahlen. (Sein Leben und Werk; k.A.b)

Ich empfehle meinen Brüdern, in einer solchen Angelegenheit nicht in der Weise zu diskutieren, dass daraus ein Konflikt entsteht oder eine Spaltung erwächst.

Vielmehr sollten sie sich daran gewöhnen, sich zu unterhalten und ihre Meinungen miteinander auszutauschen ohne sich dabei zu streiten. (16. Blitz; k.A.d)

Öffnet nicht die Türen zu einem Streit. (Briefe aus Kastamonu; k.A.a)

Jedoch hat es bis heute noch zu keiner Zeit unter den Gelehrten ein so großes Bedürfnis nach Einheit gegeben und den Wunsch, sich nicht untereinander zu streiten. (14. Strahl; k.A.f)

Auch wenn Jemand einen Gedankenfehler begangen hat, solltet ihr trotzdem nachsichtig sein.

Wir sollten uns in so merkwürdigen Zeitläufen wie der unsrigen nicht über dergleichen Muslimen erregen, wo sie doch zum Glauben gefunden haben, wie mit solchen, die der Geistlichkeit oder den Sufis angehören. Insoweit sie auch nur anerkennen und bestätigen, dass es einen Gott und ein Jenseits gibt, oder wenn sie Christen sein sollten, darf man strittige Punkte nicht zu einer Quelle von Auseinandersetzungen machen.

Denn sowohl eine so merkwürdige Zeit (wie die unsrige), als auch unsere (eigene innere) Berufung und unser heiliger Dienst erfordern dies. (Sein Leben und Werk; k.A.b)

Das positive in den Menschen betrachten

Handlungen in dieser Welt sollten sich nach der Göttlichen Gerechtigkeit richten. Wenn die guten Punkte eines Menschen größer sind, hinsichtlich Qualität oder Quantität, als diese schlechten Punkte, so verdient der Mensch Liebe und Respekt. Ja, man sollte zahlreiche schlechte Punkte vergeben wegen einer einzigen wertvollen Tugend.

Jedoch, wegen der Ader zur Tyrannei in seiner Natur und durch die Einflüsterungen Satans vergisst der Mensch die Hunderten Tugenden einer einzigen Person wegen eines einzigen schlechten Punktes, und er ist feindlich zu Glaubensgenossen, und er begeht Sünden.

Wie der Flügel einer Fliege vor dem Auge einen Berg verdeckt, so gilt ebenfalls: wegen des Schleiers des Hasses verdeckt der Mensch Tugenden so groß wie ein Berg, weil ein anderer ein einziges fliegenflügelgroßes Übel hat, und er vergisst die Tugenden des anderen und verhält sich feindlich zu seinem Glaubensbruder, und er wird ein Werkzeug der Verderbnis im Leben der Gesellschaft.

Somit gilt - die Glaubenswahrheiten sind der Palast. Jeder Beweis ist ein Schlüssel; er beweist die Wahrheiten und öffnet ein Tor. Bleibt eins der Tore geschlossen, so können die Glaubenswahrheiten nicht aufgegeben und geleugnet werden. Satan jedoch, als eine Folge gewisser Dinge oder mittels Achtlosigkeit oder Unwissenheit, deutet auf ein Tor, das geschlossen blieb, und so lässt er den Menschen all die positiven Zeugnisse missachten. Er sagt: „Siehe, dieser Palast ist nicht zu betreten. Vielleicht ist das gar kein Palast, und da ist gar nichts drinnen." So täuscht Satan diesen Menschen.

O armer Wicht, angegriffen durch die Tücken Satans! Willst du, dass das Leben der Religion und der Gesellschaft und das persönliche Leben insgesamt gesund seien, und willst du die Integrität des Denkens, willst du eine gesunde Ansicht, willst du ein aufrichtiges Herz, so wiege deine Taten und Gedanken auf den Skalen der unstrittigen Sachen des Koran und auf der Balance der Traditionen des Propheten Muhammed. Nimm als Wegweiser immer den Koran und die Traditionen des Propheten Muhammed. Sage: „Ich nehme Zuflucht bei Gott vor Satan dem Verfluchten!" und suche Zuflucht beim Allmächtigen Gott! (13. Blitz; 2002)

Vergebung

All denen, die mich gequält und gepeinigt haben, die mich von Stadt zu Stadt umhergetrieben und beleidigt haben, die mich die verschiedensten Male beschuldigt haben und mich verurteilen wollten, die mir einen Platz in den Gefängnisse bereitet haben, ihnen allen gegenüber erhebe ich keinen Anspruch auf mein Reicht. […]

Viele meiner Schüler waren mit mir zusammen vielerlei Qualen, Leiden und Misshandlungen preisgegeben und wurden schweren Prüfungen unterzogen. Ich möchte aber, dass sie so wie ich allen Ungerechtigkeiten gegenüber und gegenüber all denen, die ein Unrecht begangen haben, auf all ihre Rechte Verzicht leisten. […]

Was aber diejenigen betrifft, die uns quälen und misshandeln, so wünsche ich dass keiner meiner Schüler in seinem Herzen auch nicht ein kleines Fünkchen der Hoffnung auf Rache nähren möge und stattdessen standhaft und treu für die Risale-i Nur wirken möge. (Briefe aus Emirdağ; k.A.h)

Wenn die Beamten des Gesetzes, die das Risale-i Nur mit der Absicht studieren, es zu kritisieren, ihren Glauben durch das Schriftenwerk stärken und retten, so seid Zeuge, dass ich ihnen vergebe. Denn wir sind hier um zu dienen. Wir sind verpflichtet, dem Glauben zu dienen, ohne zwischen Freund und Feind zu unterscheiden, ohne parteiisch zu sein. (14. Strahl; k.A.f)

Wenn diejenigen, die mich zum Tode verurteilt haben aufgrund der schweren Schläge des Risale-i Nur, welches nach Ankara gesandt wurde, wenn diejenigen ihren Glauben durch das Risale-i Nur bewahren und vor der ewigen Vernichtung bewahrt werden, so seid ihr Zeugen dafür, dass ich ihnen mit meinem Leben und meiner Seele vergebe! (12. Strahl; k.A.f)

Liebe als Ursache der Existenz

Oh du mein weltanbetender Freund!

Liebe ist der Anlass für die Existenz dieses Kosmos. Zudem ist sie das Band dieses Kosmos. Ferner ist sie das Licht dieses Kosmos, und sie ist sein Leben.

Da der Mensch die vielseitigste Frucht dieses Kosmos ist, ist die Liebe, die den ganzen Kosmos umhüllen kann, in sein Herz, das der Kern dieser Frucht ist, hineingelegt.

Eine solche grenzenlose Liebe kann nur derjenige verdienen, der grenzenlose Vollkommenheit besitzt. Wohlan denn, oh Seele, oh Freund!

Zwei Organe, die dem Menschen Angst und Liebe vermitteln, sind in seiner Natur vorhanden.

In jedem Fall, werden diese Liebe und diese Angst entweder auf die Schöpfung oder auf den Schöpfer hin ausgerichtet sein.

In Wirklichkeit ist aber die Angst vor der Schöpfung eine leidvolle Plage.

Auch ist die Liebe zur Schöpfung (d.h. ihr verfallen zu sein) ein lästiges Unglück.

Denn du hast Angst vor denen, die kein Erbarmen mit dir haben oder deine Bitte nicht entgegennehmen.

In diesem Zustand ist die Angst eine leidvolle Plage.

Was aber die Liebe betrifft, so kennt das, was du liebst, dich entweder nicht und geht, wie deine Jugendzeit und dein Besitztum, ohne ein „Auf Wiedersehen" zu sagen, oder beleidigt dich wegen deiner Liebe.

Siehst du denn nicht, dass sich 99 Prozent der weltlichen Liebhaber über ihre Geliebten beschweren?

Denn mit dem Innern des Herzens, welches der Spiegel dessen ist, dessen alle und alles bedürfen, die weltlichen, götzenähnlichen Geliebten anzubeten, ist in den Augen dieser Geliebten hässlich; sie finden es lästig und lehnen es ab.

Die natürliche Beschaffenheit lehnt alles ab, was unnatürlich und ungebührlich ist, und verwirft es. (Die sinnliche Liebe soll hier außer Betracht bleiben.) Das heißt, die Dinge, die du liebst, kennen dich entweder nicht oder sie verachten dich oder sie werden dich nicht (für immer) begleiten. Sie werden dich auch gegen deinen Willen verlassen.

Da dies nun einmal so ist, sollst du deine Angst und deine Liebe dem zuwenden, vor dem deine Angst zu wohltuender Hingabe wird.

Deine Liebe soll mit einer Freude verbunden sein, die nicht erniedrigt.

Sich vor dem majestätischen Schöpfer zu fürchten, heißt in der Tat, einen Weg zu der Liebe Seiner Barmherzigkeit zu finden und bei Ihm seine Zuflucht zu nehmen.

Furcht ist in diesem Sinne eine Peitsche. Sie wirft dich an die Brust Seiner Barmherzigkeit. Bekanntlich macht ja eine Mutter ihrem Kindlein Angst, damit es sich in ihren Schoß flüchtet. Diese Angst ist für ihr Kindlein ganz besonders angenehm. Denn die Barmherzigkeit lässt es sich in ihren Schoß flüchten.

In Wirklichkeit gleicht aller Mütter Liebe und Zärtlichkeit einem Blitzstrahl der Barmherzigkeit Gottes. Also liegt in der Gottesfurcht ein überwältigender Wohlgeschmack.

Wenn sich in der Gottesfurcht ein solcher Wohlgeschmack findet, wird es offensichtlich, welch ein grenzenloser Wohlgeschmack sich in der Liebe Gottes findet.

Des Weiteren rettet sich der, der sich vor Gott fürchtet, vor den erbärmlichen und unheimlichen Ängsten. Und da seine Liebe zur Schöpfung im Auftrag Gottes ist, endet sie auch nicht in Trennung und Leid.

In der Tat liebt der Mensch zuallererst seine eigene Seele, danach seine Verwandten, dann sein Volk, dann die lebendigen Geschöpfe, dann das Universum und die ganze Welt.

Mit jedem dieser Kreise fühlt er sich verbunden. Er freut sich in ihren Freuden und leidet in ihren Leiden.

Da aber nun im Tohuwabohu dieser Welt und ihren Wirbelstürmen nichts von Bestand ist, wird des

Menschen hilfloses Herz zu allen Zeiten verwundet. Alle Dinge, die an seinen Händen festkleben, reißen ihm die Hände ab, wenn sie von ihm gehen, ja reißen sie ihm in Stücke.

Ständig lebt er in seinem Leid oder trunken von seiner Gottvergessenheit.

So ist das nun einmal, du meine Seele!

Wenn du Verstand hast, sammle alle diese o.g. Arten der Liebe, schenke sie ihrem wahren Eigentümer und rette dich von diesen Leiden.

Solch grenzenlose Liebe gebührt dem Herrn grenzenloser Vollkommenheit und Schönheit.

In dem Augenblick, in dem du sie ihrem wahren Eigentümer geschenkt hast, in dem Augenblick kannst du alle Dinge in Seinem Namen und als Seine Spiegelungen lieben, ohne (ihretwegen) zu leiden.

Das heißt, man soll seine Liebe nicht unmittelbar und direkt an die Schöpfung weggeben.

Anderenfalls wird die Liebe, die doch das schönste Geschenk (der Gnade) ist, zu peinvoller Verhöhnung werden.

(24. Wort; k.A.c)

Brüderlichkeit

In Seinem Namen. Es gibt nichts, was nicht sein Lob singen würde (Koran 17:44).

Dieser Brief besteht aus zwei Themen. Das erste lädt die Brüder zu Brüderlichkeit und Liebe ein.

Das erste Thema

Im Namen Gottes, des Gnädigen und Barmherzigen.

„Die Gläubigen sind ja Brüder. So stiftet Frieden zwischen euren beiden Brüdern" (Koran 49:10), „Wehre ab mit einer Tat, die besser ist, da wird der, zwischen dem und dir eine Feindschaft besteht, so, als wäre er ein warmherziger Freund" (Koran 42:34), „(die) ihren Groll unterdrücken und den Menschen verzeihen – Gott liebt die Rechtschaffenen" (Koran 3:134).

Streit und Uneinigkeit unter den Gläubigen, Parteilichkeit, Sturheit und Neid, welche zu Groll und Hass Anlass geben, sind aus Sicht der großartigen Menschlichkeit, das heißt aus der Sicht des Islams wie auch aus Sicht des individuellen des gemeinschaftlichen und spirituellen Lebens hässlich und zu verdammen, sie schaden und sind ungerecht und eine Gift für das menschliche Leben.

Wir werden von den zahlreichen Aspekten dieser Wahrheit sechs erläutern.

Der erste Aspekt

38

Sie sind aus der Sicht der Wahrheit Ungerechtigkeit.

Oh du ungerechter Mensch, der gegenüber dem Gläubigen Groll und Feindschaft hegt. Stell dir vor, du seiest auf einem Schiff oder einem Haus, mit dir seien neun Unschuldige und ein Verbrecher. Du weißt, was für eine Freveltat der Mensch vollbringt, der dieses Schiff zum Sinken oder dieses Haus zum Abbrennen bringen möchte. Du wirst über diese Ungerechtigkeit schreien, bis das sie in den Himmeln gehört werde. Selbst wenn auf diesem Schiff ein Unschuldiger und neun Verbrecher wären, so gäbe es keinerlei Recht, dieses sinken zu lassen.

So verhält es sich auch in diesem Falle: Wenn in einem Gläubigen, den man mit einem Göttlichen Haus oder einem Göttlichen Schiff vergleichen kann, nicht nur neun, sondern zwanzig unschuldige Charaktereigenschaften vereinigt sind, so strebe nicht danach, aufgrund einer verbrecherischen Eigenschaft, die dir schadet und dich nicht erfreut, dadurch, dass du ihn mit Groll und Feindschaft zu überziehst, die Existenz dieses ideellen Hauses bildlich gesprochen mittels Versenken oder Verbrennen zerstörst. Dies ist eine ebensolche Schuld und eine große Ungerechtigkeit.

Der zweite Aspekt

Es ist bekannt, dass Feindschaft und Liebe Gegensätze sind wie Licht und Finsternis. Beide lassen sich, entsprechend der Wahrheit, nicht miteinander vereinigen. Wenn die Liebe, aufgrund eigener Überlegenheit der Gründe, in einem Herz wahrlich wohnt, wird in diesem

Augenblick die Feindschaft dort nur theoretisch/metaphorisch, sie verwandelt sich in Mitleid.

Ja, ein Gläubiger liebt seine Brüder, er soll sie lieben. Nur seine Fehler tun ihm weh. Er lädt ihn freundlich und ohne Zwang ein, sich zu bessern. Deswegen heißt es in folgendem Ausspruch des Propheten: „Kein Gläubiger sollte aufgrund seines Ärgers gegenüber einem Gläubigen das Gespräch mit ihm länger als drei Tage meiden" (Bukhari, Adab 57, 62; Isti'dhan 9; Muslim, Birr 23, 25, 26; Abu Da'vud, Adab 47; Tirmidhi, Birr 21, 24; Ibn Mâja, Muqaddima 7, Musnad i, 176, 183; iii, 110, 165, 199, 209, 225; iv, 20, 327, 328; v, 416, 421, 422).

Wenn die Gründe für die Feindschaft überhand nehmen, und wahre Feindschaft das Herz übermannt, so wird in diesem Augenblick die Liebe etwas Theoretisches, sie bekommt den Beigeschmack von etwas Gekünsteltem und Schmeichelhaftem.

O du ungerechter Mensch! Nun schau, wie ungerecht Groll und Feindschaft gegen einen Bruder sind. Denn, wenn du sagst, dass gewöhnliche kleine Steine wertvoller seien als die Kaaba und der Berg Uhud, begehst du eine hässliche Unachtsamkeit. Glaube, der die Verehrung wie die Kaaba verdient und Islam, so großartig wie der Berg Uhud, erfordern Liebe und Eintracht. Wenn du Verstand besitzt, wirst du verstehen, dass es eine große Dummheit und Gedankenlosigkeit ist, dem Glauben und dem Islam einige kleine Fehler vorzuziehen, welche die Eigenschaft kleiner gewöhnlicher Steine besitzen und Anlass zur Feindschaft gegenüber einem Gläubigen sind.

Ja, die Einheit des Glaubens erfordert sicherlich die Einheit der Herzen. Die Einheit des Glaubens erfordert ebenfalls eine gesellschaftliche Einheit.

Du wirst es nicht leugnen können, dass, wenn du mit einem Mann in einer Einheit bist, du mit diesem Manne freundschaftliche Bande knüpfst und, da ihr zusammen unter dem Befehl eines Kommandierenden steht, eine Beziehung aufnehmt. Wenn man sich in einem Land befindet, kann man brüderliche Gefühle empfinden.

Jedoch gibt es die Beziehungen der Einheit und das Band der Eintracht, welche durch das Licht und die Gefühle, welche der Glaube gibt entstehen in der Zahl der Göttlichen Namen, die der Glaube dir zeigt und zu wissen gibt. Zum Beispiel: Ihr beide habt einen Schöpfer, einen Besitzer, einen Angebeteten, einen Versorger, einen... einen... einen. Tausendfach einen, einen.... Auch euer Prophet ist einer, eure Religion ist eine, eure Gebetsrichtung ist eine, eine, eine bis zu hundert mal eine, eine. Auch euer Dorf ist eins, euer Land eins, euer Staat eins, so weit eins, eins.

Wenn dein Herz nicht gestorben und dein Verstand nicht erloschen ist, wirst du verstehen, dass, soweit es eins und wieder eins, Einheit und Einzigkeit, Eintracht und Übereinkunft, Liebe und Brüderlichkeit und es ideelle Ketten gibt, welche die existierenden Wesen und die Globen untereinander verbinden, es gegenüber dieser Liebe eine große Nachlässigkeit und dieser Brüderlichkeit gegenüber eine schwere Ungerechtigkeit ist, wenn man bedeutungslose Dingen wie einem

Spinnennetz den Vorzug gibt und gegenüber einem Gläubigen wirkliche Feindschaft hegt.

Der dritte Aspekt

Entsprechend der Bedeutung des Verses: „Und keine lasttragende (Seele) trägt die Last einer anderen" (Koran 6:164), der die reine Gerechtigkeit ausdrückt, wird es klar, was für ein Ausmaß der Ungerechtigkeit der Groll und die Feindschaft sind, die du einem Gläubigen gegenüber wegen einer negativen Eigenschaft hegst, dass du die restlichen guten Eigenschaften verurteilst. Wenn du weiter gehst und seine Feindschaft auf die Angehörigen eines Gläubigen ausdehnst, dann wirst du, im Einklang mit dem folgenden Vers, dessen Partizip Aktiv in der Verstärkungsform vorliegt: „Der Mensch neigt sehr zum Unrecht" (Koran 14:34) hast du eine außerordentlich große Ungerechtigkeit begangen, obwohl dich die Wahrheit, das heilige Gesetz und die Weisheit des Islams gewarnt haben. Wie kannst du dich da selbst als im Recht betrachten, so dass du sagst: „Ich habe recht"?

Aus Sicht der Wahrheit sind die Verwerflichkeiten, die Grund für Feindschaft und Böses bieten, so dicht wie das Böse und die Erde. Sie können nicht auf einen anderen übergreifen und reflektiert werden. Wenn jemand davon lernt und Böses tut, so ist dies eine andere Angelegenheit. Die guten Dinge, welche der Grund für Liebe sind, sind wie die Liebe Licht, es gehört zu ihren Eigenschaften, dass weitergetragen und reflektiert werden. Durch sie entstehen in unserer Sprache Aphorismen wie: „Der Freund eines Freundes ist ein Freund."

42

Also, du ungerechter Mensch! Wenn du scharfsinnig bist, wirst du verstanden haben, dass, wo die Wahrheit so ist, was für einen Verstoß gegen die Wahrheit du begangen hast, wo du gegen den lieben und unschuldigen Bruder und dem Anhang eines Menschen, den du nicht magst, Feindschaft hegst.

Der vierte Aspekt

Es ist eine Ungerechtigkeit auch aus Sicht des persönlichen Lebens. So höre auf folgende Prinzipien, welche die Grundlage für den vierten Aspekt sind.

Erstens

Wenn du deinen Weg und deine Gedanken als wahre annimmst, so hast du das Recht zu sagen: „Mein Weg ist richtig oder sogar schön." Aber du besitzt nicht das Recht, zu sagen: „Nur mein Weg ist der rechte." Entsprechend der Bedeutung von „Das zufriede Auge übersieht das Schlechte. Doch das zornige Auge stellt das Negative heraus" (Al- Mawarda, Adab al- Dunya wa'l-Din 10; Diwan al-Shafi' 91) kann der ungerechte Blick und der verdorbene Gedanke kein Richter sein. Er kann nicht den Weg eines anderen als ungültig verurteilen.

Das zweite Prinzip

Wegen dir mag es recht sein, dass alles was du sagst, wahr ist. Aber du hast nicht das Recht alles Wahre überall zu sagen. Alles was du sagst, muss richtig sein, aber alles Richtige überall zu sagen, ist nicht richtig. Denn, ein Mensch, der keine aufrichtige Absicht hegt, vermag durch einen Rat gekränkt werden und dann das Gegenteil bewirken.

Das dritte Prinzip

Wenn du eine Feindschaft pflegen willst, so hege Feindschaft gegen die Feindschaft in deinem Herzen. Bemühe dich, sie aufzuheben. Und hege Feindschaft gegen deine Triebseele, welche dir am meisten schadet, bemühe dich, sie zu bessern. Wegen der Fehler dieser Seele hege keine Feindschaft gegen deine Glaubensbrüder. Ja, so wie die Eigenschaft der Liebe der Liebe angemessen ist, so ist die Eigenschaft der Feindschaft zu aller erst sich selbst, der Feindschaft, angemessen. Wenn du deinen Gegner besiegen möchtest, so begegne seiner Schlechtigkeit mit Güte. Denn, würdest du ihm mit Schlechtigkeit begegnen, würde der Hader gesteigert. Ist sie äußerlich besiegt, so wird der Groll im Herzen gehegt, die Feindschaft fortgeführt. Wenn du ihm mit Güte begegnest, so wird er bereuen und dir ein Freund werden.

Entsprechend dem Satz „Wenn du den Edlen edelherzig behandelst, wird er dein sein. Behandelst du den Gemeinen edelherzig, so wird er sich empören" (Mutanabba, Vergl.: al-Urf al-Tayyib fi Sharh Diwan al-Tayyib 387) ist es die Sache des Gläubigen, edelherzig zu sein. Durch deine Großzügigkeit wird er dein Freund. Auch wenn er äußerlich ein gemeiner Mensch sein mag, so ist er aus Sicht des Glaubens edel. Ja, es passiert oft, dass wenn man einem schlechten Mensch sagt: „Du bist ein guter Mensch, du bist ein guter Mensch" er sich bessert und wenn man einem guten Mensch sagt: „Du bist ein schlechter Mensch, du bist ein schlechter Mensch" er schlecht wird.

So widme dein Ohr folgenden Prinzipien im Koran: „Wenn sie unbedachte Rede im vorbeigehen hören, würdevoll weitergehen" (Koran 25:72), „Wenn ihr verzeiht, nachsichtig seid und vergebt, so ist Gott voller Vergebung und barmherzig" (Koran 64:14), in ihnen liegt Glückseligkeit und Frieden.

Das vierte Prinzip

Menschen, die Groll und Feindschaft hegen, versündigen sich gegenüber sich selbst, gegen über ihren Glaubensbrüdern und gegen die Gnade Gottes. Denn durch Groll und Feindschaft verbleibt die Trieb-Seele in einer schmerzhaften Pein. Durch die Gnaden, die seinem Feind zuteil werden, zieht er Qual und durch seine Furcht vor ihm Schmerz auf sich, so versündigt er sich gegenüber sich selbst. Wenn die Feindschaft aus Neid entsteht, so ist sie eine wirkliche Qual. Denn der Neid befällt zuerst den Neider, zerstört ihn und entzündet ihn. Was den Beneideten angeht, so ist sein Schaden gering oder er hat überhaupt keinen Schaden dadurch.

Die Heilung vom Neid ist folgende: Der neidische Mensch mag über die Konsequenzen der Dinge nachdenken, die seinen Neid erregen. Dann wird er feststellen, dass die weltliche Schönheit und Macht, der Rang und das Reichtum, welche er beobachtet, vergänglich und zeitlich sind. Ihr Nutzen ist gering und die Mühen, welche sie erzeugen, groß. Was die Qualitäten für das Jenseits angeht, so kann wegen ihnen kein Neid entstehen. Wenn er ihretwegen neidisch ist, so ist er heuchlerisch, er vernichtet im Diesseits sein Kapital für das Jenseits. Oder er denkt, dass der Beneidete heuchlerisch sei und begeht so eine Ungerechtigkeit.

Wenn ihn das Unglück, das dem Beneideten zustößt, erfreut und die Gnaden, die der Beneidete erhält betrübt, so ist es, als ob er wegen der Güte, die ihm durch die Göttliche Bestimmung und Barmherzigkeit zukommt, böse wird. So kritisiert er die göttliche Bestimmung und stellt sich seiner Gnade entgegen. Derjenige, der den Göttlichen Ratschluss kritisiert, schlägt seinen Kopf auf einen Amboss bis er zerbricht. Derjenige, der sich gegen die Gnade auflehnt, dem wird sie vorenthalten.

Welcher Vernünftige ist bereit dazu und in welches unverdorbenes Gemüt mag es hineingehen, für eine Sache, die nicht einen Tag Feindschaft wert ist, ein Jahr lang Groll und Feindschaft zu hegen? Du kannst etwas Schlechtes, was du von einem Glaubensbruder erfährst aus drei Gründen nicht völlig auf ihn zurückführen und ihn deswegen verurteilen:

Erstens: Die Göttliche Bestimmung hat dabei einen Anteil. Es ist notwendig, dies herauszufinden und die Göttliche Bestimmung und ihre Verwirklichung mit Zufriedenheit anzunehmen.

Zweitens: Der Anteil der Trieb-Seele und der des Teufels sollten auch festgestellt werden. Man sollte diesem Menschen gegenüber keine Feindschaft entwickeln, sondern ihn bedauern, weil seine Triebseele ihn übermannt hat und warten bis er Reue zeigen wird.

Drittens: Schau auf den Fehler, den du in dir selbst nicht siehst oder sehen möchtest. Auch ihm gib Anteil daran.

Wenn du danach dem verbleibenden kleinen Rest gegenüber in angemessener Weise mit Verzeihen und Großzügigkeit zeigst, die deinen Gegner am schnellsten besiegen, wirst du vor Ungerechtigkeit und Schaden gerettet werden. Sonst wirst du, wie eine betrunkene und verrückte Person sein, die für den Preis von Diamanten Glassplitter kauft, du würdest wertlosen, vergänglichen, zeitlichen und unwesentlichen Ereignissen dieser Welt mit gewalttätiger, ewiger Feindschaft und ständigem Groll gegenüber stehen, als ob du für immer mit deinem Feind in dieser Welt bleiben würdest. Das wäre eine schreckliche Sünde, eine Trunkenheit, ja eine Verrücktheit.

So, lasse Feindschaft und Rachegelüste, welche für das persönliche Leben so schädlich sind – wenn du dich selbst liebst – keinen Weg in dein Herz finden. Wenn sie in dein Herz eingedrungen sind, so schenke ihnen kein Gehör. Schau, und hör auf den verständigen Hafiz Shirazi: „Die Welt ist keine Ware, über die sich ein Streit lohnt." Sie ist vergänglich und daher wertlos. Wenn die große Welt so ist, verstehst du dann, wie unbedeutend kleine Angelegenheiten dieser Welt sind? Hafiz sagte auch: „Der Frieden in beiden Welten liegt im Verstehen dieser beiden Worte: Großzügigkeit gegenüber den Freunden und friedfertiger Umgang mit den Feinden."

Wenn du aber sagst, dass du keine Wahl hast und „Feindschaft in meiner Natur liegt, ich kann diejenigen, welche mir Schaden zufügten, nicht ignorieren", so ist die Antwort: Wenn die Spuren von schlechtem Charakter und bösen Eigenschaften nicht erkennbar sind und Dinge wie üble Nachrede und ihre Begleitumstände nicht anzutreffen sind und man seine Fehler erkennt, so bringt dies keinen Schaden. Aber auch wenn die Wahl nicht in deinen Händen ist, so kannst du nicht darauf verzichten. Entdeckst du deinen Fehler, was eine ideelle Reue, eine heimliche Umkehr und eine innere Bitte um Vergebung ist, verstehst du, dass du in deiner Eigenschaft unrecht hast und wirst so vor dieser schlechten Sache bewahrt. Wir haben das Thema dieses Briefes geschrieben, damit eine solche Form der ideellen Vergebung möglich werde. Ungerechtigkeit soll nicht als Recht hingestellt werden, vermeintlich gerechten Feind als Ungerechtigkeit herausgestellt werden.

Ein Vorfall, der es wert ist, beachtet zu werden: Einstmals sah ich, dass aufgrund großer Parteilichkeit, ein frommer Religionsgelehrter, die Ansichten eines rechtschaffenen Gelehrten, der gegen seine politischen Ideen war, zu verfälschen und sie als Abfall vom Glauben bezeichnete. Einen anderen Heuchler, der seiner Ansicht war, lobte er als unangreifbar. Daher scheute ich vor den üblen Folgen solch einer Politik zurück und sagte: „Ich nehme Zuflucht bei Gott vor dem Übel des Teufels und der Politik." Seit dieser Zeit habe ich mich aus dem politischen Leben zurückgezogen.

Der fünfte Aspekt

Er erläutert, dass Hartnäckigkeit und Parteilichkeit aus Sicht des gesellschaftlichen Lebens sehr schädlich sind.

Wenn gesagt wird: Es gibt einen Ausspruch des Propheten Muhammed, der besagt: „Die Meinungsvielfalt in meiner Gemeinde ist eine Gnade" (Al-Acluni, Kaschfu'l-Hafa, 1:66-68; Al-Münavi, Feyzü'l-Kadir, 1:210-212). Aber eine Meinungsverschiedenheit bringt Parteilichkeit hervor. Die Krankheit der Parteilichkeit rettet die unterdrückte Allgemeinheit vor dem Übel der Elite. Denn, wenn sich die Elite in einer Stadt oder einem Ort zusammenschließt, kann sie die Masse unterdrücken. Wenn es aber Parteilichkeit gibt, so nehmen die Unterdrückten zu einer Partei Zuflucht und können sich retten. Die Wahrheit zeigt sich vollständig durch das Aufeinanderprallen der Gedanken und der Meinungsverschiedenheit.

Die Antwort: Auf die erste Frage antworten wir folgendes: Die Meinungsvielfalt, die im Ausspruch des Propheten Muhammed gemeint ist, ist eine positive. Das heißt, jeder strebt danach, seine Schule zu verbreiten und bekannt zu machen. Er möchte nicht die anderen zerstören oder abschaffen, sondern sie vervollständigen und verbessern. Aber eine negative Meinungsvielfalt, eine triebhafte und feindliche, die darauf abzielt sich gegenseitig zu zerstören, ist aus der Sicht des Ausspruches zurückzuweisen. Denn wer sich gegenseitig schädigt, kann keine positive Bewegung ausüben.

Auf die zweite Frage antworten wir: Wenn Parteilichkeit für das Recht geschieht, so kann sie eine Zuflucht für diejenigen, die Recht haben sein. Ist sie aber wie die derzeitige eine gehässige und selbstgerechte Parteilichkeit, so dient sie als Zuflucht für die Ungerechten. Sie wird zu deren Stütze. Denn, wenn ein

Teufel zu einem Menschen kommt, der eine gehässige Parteilichkeit vertritt, und seine Idee unterstützt und seiner Partei hilft, so wird dieser Mensch für den Teufel Gottes Gnade erbitten. Wenn aber zur gegnerischen Seite ein Mensch wie ein Engel kommt, so würde er ihn – und Gott bewahre ihn davor – eine Ungerechtigkeit begehen, indem er ihn verflucht.

Auf die dritte Frage antworten wir: Das Aufeinandertreffen der Gedanken im Namen des Rechtes und für die Wahrheit, bei der die Ziele und die Basis übereinstimmen, ist eine Meinungsverschiedenheit in den Methoden. Sie hebt jeden Aspekt der Wahrheit hervor und dient der Wahrheit und dem Recht. Eine parteiliche und gehässige, pharaonengleiche, auf der Triebseele basierende, egoistische Art des Aufeinandertreffens der Gedanken hingegen mündet nicht ein in ein Aufleuchten der Wahrheit, sondern in das Zündeln am Feuer der Zwietracht. Denn obwohl bei den Zielen Eintracht herrschen sollte, gibt es für die Gedanken dieser auf dem gesamten Erdball keinen gemeinsamen Nenner. Da dies nicht im Namen der Wahrheit geschieht, führt es zu einer unendlichen Vielfalt. Sie geben Anlass für Spaltungen, die nicht überwunden werden können. Der augenblickliche Zustand der Welt ist ein Zeuge dafür.

Wenn man sich nicht entsprechend des hohen Prinzips „Liebe um Gottes willen, Hass um Gottes willen, Urteil um Gottes Willen" handelt, so nimmt Heuchelei und Spaltung überhand. Ja, wenn man nicht „Hass um Gottes Willen" und „Urteil um Gottes Willen" sagt und diese Prinzipien nicht berücksichtigt, so wird man, obwohl man Gerechtigkeit erreichen möchte, eine Ungerechtigkeit begehen.

Ein Ereignis mit einer wichtigen Lehre: Einmal hatte Ali, Gott sei zufrieden mit ihm, mitten im Krieg seinen Gegner zu Boden geworfen. Als er sein Schwert ziehen wollte, bespuckte ihn der Gegner. Da ließ Ali von ihm ab. Der Gegner fragte ihn: „Warum hast du mich gelassen?" Ali antwortete: „Ich hätte dich um Gottes Willen bekämpft. Aber du hast mich angespuckt, da wurde ich zornig. Da sich in diesem Moment meine Triebseele einmischte, wurde meine Aufrichtigkeit beeinträchtigt. (Ich hätte dich diesmal auf Grund meiner persönlichen Triebseele bekämpft.) Darum habe ich dich gelassen." Der Gegner sagte zu ihm: „Damit du mich schnell tötest, hat es dich in Rage gebracht. Da eure Religion in so einer Weise rein und aufrichtig ist, ist sie die wahre Religion." [...]

O, ihr Gläubigen, benutzt euren Verstand. Tretet gegen die Unterdrücker, welche aus euren Meinungsverschiedenheiten Nutzen ziehen, ein in die Festung des „Die Gläubigen sind ja Brüder" (Koran 49:10) und sucht dort Schutz. Wenn nicht, wie wollt ihr euer Leben bewahren und eure Rechte verteidigen? Es ist bekannt, dass, wenn zwei Helden miteinander ringen, ein Kind beide schlagen kann. Auf einer Waage kann das Gleichgewicht zweier Berge, wenn sie sich auf den beiden Schalen gegenüber stehen, ein kleiner Stein stören und mit ihnen spielen. Er hebt die eine und senkt die andere. So, ihr Gläubigen, aufgrund eurer Gier und eurer einseitigen Parteilichkeit ist eure Kraft auf Null gesunken. Mit wenig Kraft könnt ihr besiegt werden.

Wenn ihr irgendeine Beziehung zum gesellschaftlichen Leben habt, so erhebt das Prinzip: „Die Gläubigen sind einander wie ein wohlgegründetes Bauwerk, ein Teil stützt das andere" (Bukhari, Salat 88, Adab 36; Mazalim 5; Muslim, Birr 65; Tirmidhi, Birr 18; Nasa'i, Zakat 67; Musnad vi, 104, 405, 409) zum Grundsatz eures Lebens, er wird euch vor den Erniedrigungen in dieser Welt und dem Leid in der jenseitigen bewahren.

Der sechste Aspekt

Das geistliche Leben wie auch die Korrektheit der Gottesverehrung wird durch Feindschaft und Starrsinn erschüttert. Denn die Aufrichtigkeit, welche ein Mittel zur Erlösung und Errettung ist, geht verloren. Denn ein parteilicher Starrsinniger möchte mit seinen eigenen guten Taten seinen Feind überflügeln. Es kann ihm nicht gelingen, aus Aufrichtigkeit nur für Gott zu handeln. Wenn er in seinen Urteilen und seinem Umgang seine Parteilichkeit bevorzugt, kann er nicht gerecht sein. Das heißt, die Aufrichtigkeit und die Gerechtigkeit, welche die Grundlagen für die guten Taten sind, gehen durch Feindschaft und Gegnerschaft verloren. Dieser sechste Aspekt ist sehr ausführlich. Da aber der Platz beschränkt ist, halten wir ihn hier kurz.

(22. Brief; 2002)

Said Nursis letzter Unterricht

(Dies ist die letzte Unterweisung Said Nursis, die er noch kurz vor seinem Tode seinen Schülern erteilt hat.)

Meine lieben Mitbrüder!

Es ist unsere Aufgabe, sich stets positiv zu verhalten. Ein negatives Verhalten gibt es nicht. Dem Einverständnis Gottes entsprechend, einzig und allein den Dienst am Glauben zu verrichten und nicht zu versuchen, sich in den Aufgabenbereich Gottes einzumischen.

Wir sind im positiven Dienst am Glauben, der die Wahrung der öffentlichen Sicherheit und Ordnung zur Folge hat, jeder Art Mühsal gegenüber zu Geduld und zu Dank verpflichtet. […]

Ich bin in diesen dreißig Jahren, um mich stets positiv zu verhalten und nicht zuzulassen, mich negativ zu verhalten und nicht zu versuchen, mich in den Aufgabenbereich Gottes einzumischen, um all dieser Dinge willen Handlungsweisen mir gegenüber mit Geduld und Einverständnis begegnet. […]

Denn die Hauptsache liegt in dem geistigen Kampf dieser Zeit, einen Schutzwall gegen die geistige Zerstörung zu errichten und dadurch für die öffentliche Sicherheit und Ordnung mit aller Kraft beizutragen.

Unser Weg gibt uns in der Tat zugleich auch unsere Kraft. Doch darf diese Kraft nur zur Aufrechterhaltung der öffentlichen Sicherheit und Ordnung eingesetzt werden.

„Niemand soll die Last eines anderen tragen." (Koran, 6,164). Nach diesem Prinzip, das da lautet: „Wegen eines einzigen Verbrechers dürfen weder sein Bruder noch seine Familie, noch seine Kinder zur Verantwortung gezogen werden." Aus diesem Grund habe ich in meinem ganzen Leben meinen ganzen Einfluss dafür geltend gemacht, die öffentliche Sicherheit und Ordnung zu wahren. […]

Der Grundsatz des oben erwähnten Verses verpflichtet uns in jedem Fall, mit ganzer Kraft in unserem Land zur Wahrung der öffentlichen Sicherheit und Ordnung beizutragen. […]

„Unsere Aufgabe besteht in unserem Dienst. Das Ergebnis liegt in den Händen Gottes des Gerechten. Was hingegen unser Anteil ist und wozu wir verpflichtet sind, das ist: unsere Aufgabe zu erfüllen." Ich sage genauso wie Celaleddin-i Harzemşah: „Meine Aufgabe ist der Dienst am Glauben. Mir Erfolg zuteilwerden oder nicht zuteilwerden zu lassen, das liegt im Aufgabenbereich Gottes des Gerechten."

Und so nahm ich denn meinen Unterricht aus dem Koran, um in Aufrichtigkeit zu handeln. […]

Die Handlungsweise muss auf eine positive Weise geistig gegen die geistige Zerstörung sein.

Es gilt, dem Geheimnis der Wahrhaftigkeit entsprechend zu handeln. […]

Heute hat mir Gott der Gerechte nun Millionen wahrhaftige Schüler geschenkt. Und nun müssen wir auch positiv handeln, um mit aller Kraft im Inland auch nur die öffentliche Sicherheit und Ordnung zu wahren. […]

Daher gebrauchen wir unsere Kraft nicht für Streitigkeiten untereinander. […]

Da ich früher gegen so viele Gegner, die damals gegen mich waren, auf mich allein gestellt war und dennoch standhaft blieb und dabei auch kein Fünkchen nachgelassen habe und so im Dienst am Glauben Erfolg hatte, ertrage ich heute, während ich Millionen Schüler des Lichtes habe, wieder durch positives Verhalten all ihre Beleidigungen und Schikanen.

Wir betrachten nicht diese Welt hier. Wenn wir sie aber betrachten, dann tun wir dies, um den Ordnungshütern zu helfen. So helfen wir ihnen auf eine positive Weise, um so die öffentliche Sicherheit und Ordnung zu wahren.

In Anbetracht solcher Tatsachen müssen wir duldsam sein, auch wenn sie uns Unrecht tun. […]

Das also heißt, dass die Risale-i Nur in gewissem Grade ein Mittel ist, die Menschheit vor dem Anarchismus zu bewahren. […]

Liebe Mitbrüder!

Ich bin sehr schwer krank und werde vielleicht schon bald sterben oder jedenfalls überhaupt nicht mehr sprechen können, wie dies ja schon ein paar Mal passiert ist.

Daher sollen meine mir im geistlichen Leben eng verbundenen Brüder des Lichtes sagen: „Hier geht es um eine Schadensbegrenzung" und einige armselige Leute, die sich nun einmal falsch verhalten, nicht wegen ihrer Fehler angreifen.

Sie sollen sie vielmehr stets positiv behandeln. Es ist nicht unsere Aufgabe, uns negativ zu verhalten.

Denn solch ein negatives Verhalten innerhalb unseres Landes darf es nicht geben. […]

Des Weiteren besteht der geistige Kampf im Inland darin, gegen die geistige Zerstörung anzukämpfen, weshalb dazu nicht materielle, sondern geistige Dienste notwendig sind. […]

Brüder, ich werde vielleicht bald sterben. Diese Zeit hat ihre Krankheiten. Es sind Selbstsucht, Egoismus, Prahlsucht und die Sucht, sein Leben aufs Schönste und umgeben von seinen Wunschvorstellungen modernster Technik zu verbringen und dergleichen Krankheiten mehr.

Said Nursî
(Briefe aus Emirdağ; k.A.h)

Der Prophet Muhammed - Revolution der Moral

Die Methode des Positiven Handelns von Said Nursi kann zurückgeführt werden auf den Propheten Muhammed, welcher für die Muslime ein Vorbild auf allen Ebenen ist (Şahinöz, 2019a, S. 15-34).

Im Koran gibt es den Vers „Und du bist wahrlich von großartiger Wesensart" (Koran, 68:4), womit der Prophet Muhammed gemeint ist. Das arabische Wort, das an dieser Stelle für „großartige Wesensart" verwendet wird, lautet „Huluqul-´azim". Wortwörtlich übersetzt bedeutet Huluq Moral und Charakter. „Huluqul-´azim", oder „großartige Wesensart" ist daher eine Bezeichnung des Propheten und meint „Vollkommenste Erschaffung" (Şahinöz, 2015, S. 69).

Auch der Prophet selbst bringt diese Tatsache zum Ausdruck, in dem er sagt „Ich bin gesandt worden, um die guten Charaktereigenschafen zu vervollkommnen!" (Bayhaqi, Nr, 21301).

Als Aischa, die Frau des Propheten, gefragt wurde, wie sein Charakter und seine Moral waren, antwortete sie: „Lest ihr nicht den Koran? Der Charakter des Propheten war der des Koran" (Muslim, Kitabu Salati'l-Musafirin, 139; Nasa´i, Qiyamu'l-Leyl, 2).

Durch seinen edlen Charakter schaffte es der Prophet in einer kurzen Zeitspanne die Gewohnheiten eines gesamten Volkes zu verändern. Er gewöhnte ihnen nicht nur die schlechten Gewohnheiten ab, sondern pflanzte stattdessen die edelsten moralischen Werte ein: „Wenn man aber weiß, wie ein großer Herrscher mit großer Anstrengung kaum eine unbedeutende Gewohnheit - wie das Rauchen - selbst in einem kleinen Stamm für die Dauer aufzuheben vermag, dann betrachte man, wie diese Persönlichkeit (der Prophet Muhammed) viele und starke Gewohnheiten selbst bei diesen starrköpfigen, ihren Sitten verhafteten großen Stämmen, mit äußerlich nur geringer Macht, mit nur geringer Anstrengung in kurzer Zeit überwand. An ihre Stelle pflanzte und befestigte er in ihnen höchste moralische Werte, welche ihnen bei weitem in Fleisch und Blut übergegangen und verwachsen sind. Und noch sehr viel dergleichen Wunderbares bringt er zur Durchführung. Wer aber nun diese 'Glückliche Zeit' (des Propheten) nicht sehen will, dem sei die Halbinsel Arabien vor Augen geführt! Möge er Hunderte von Philosophen mit sich nehmen, dorthin gehen, und hundert Jahre arbeiten. Könnte er auch nur ein Hundertstel dessen vollbringen, was diese Persönlichkeit unter den Umständen seiner Zeit in einem einzigen Jahr geschaffen hat?" (Nursi, k.A.c, S.410ff).

Um zu verstehen, welch ein großes Wunder dies ist, sollte man auch folgendes vor Augen führen: 1919-1932 wurde Alkohol in den USA verboten. Trotz des Verbotes wurden weiterhin riesige Mengen von Alkohol importiert. Viele illegale Organisationen verdienten damit ihr Geld, weil das Volk nicht darauf verzichten wollte. Prof. Dr. Julius Hirsh schrieb dazu: „Der Prophet Muhammed hat durch die Hand des Korans Alkohol verboten und hat es somit geschafft, dass Millionen von Menschen seit Jahrhunderten von dem Schaden und Verlust des Alkohols schonen geblieben sind. Dies konnte man trotz einem riesigen Aufwand mit viel Propaganda im 20. Jahrhundert in den USA nicht verwirklichen" (Eren, 2004, S.73; Şahinöz, 2018, S. 133).

Der Prophet Muhammed ist daher ein absolutes Vorbild für die Muslime in allen Lebensbereichen. Man muss vorerst ihn verstehen, um anschließend das Thema „Moral und Ethik im Islam" zu betrachten.

Sein Leben

Bevor der Prophet Muhammed die Welt erblickte, herrschte auf der arabischen Halbinsel, im heutigen Saudi Arabien, eine Gesellschaft, die keine Tugenden kannte. Diese Zeit war gekennzeichnet von Unwissenheit, Macht und Ausbeutung. Die Menschen glaubten an Vielgötterei. Sie verehrten selbstgemachte Götzen und erhofften sich durch sie eine Rettung. Die Rettung kam nicht von den Götzen, sondern von dem Allerbarmer im Jahr 571. Der letzte Prophet Gottes auf Erden, Muhammed, erblickte in Mekka die Prüfungsstätte „Erde". Seine Mission war es, die gesamte Menschheit zu retten (Şahinöz, 2019b, S. 22).

Vor seiner Geburt starb sein Vater Abdullah. Als auch seine Mutter Amina verstarb, wurde er mit sechs Jahren Vollwaise. Daraufhin lebte er zwei Jahre lang bei seinem Großvater Abd al-Muttalib, bis dieser auch schwer erkrankte und verstarb. Danach verbrachte Muhammed seine Kindheit und Jugend unter der Obhut seines Onkels Abu Talib. Muhammed hütete dessen Herde und begleitete ihn bei Geschäftsreisen, durch die er zu einem

Kaufmann ausgebildet wurde. Als er 25 Jahre alt war, leitete er als Führer eine Karawane der reichen Geschäftsfrau und Kaufmannswitwe Khadidscha, welche er noch im selben Jahr heiratete.

Bevor Muhammed mit der Prophetenschaft im Jahr 610 vertraut wurde, hatte er das Gefühl, als ginge irgendetwas in ihm vor. So zog er sich von den Menschen zurück, suchte die Einsamkeit und verbrachte einen Monat auf dem Berg Nur, in der Höhle Hira. Dort meditierte und betete er, als er plötzlich dem Offenbarungsengel Gabriel begegnete und die erste Botschaft Gottes erhielt: „Lies im Namen deines Herrn, Der erschuf" (Koran, 96:1). Tief bewegt und überwältigt kehrte Muhammed nach Hause zurück und erzählte seiner Frau Khadidscha, was er erlebt hatte. Vom ersten Moment an, zweifelte seine Frau nicht an der Prophetenschaft ihres Mannes und sagte ihm ihre volle Unterstützung zu. Gemeinsam gingen sie zu einem Verwandten Khadidschas, namens Waraqa, und erzählten ihm, was geschah. Waraqa, der ein Gelehrter war und sich sehr gut mit dem Alten und Neuen Testament auskannte, bestätigte auch die Prophetie Muhammeds und erklärte: „Wahrlich, du bist der Prophet dieses Volkes. Der Engel, den du sahst, war Gabriel, derselbe Engel, der auch zu Moses und Jesus kam" (Buchari,1:3). (Kandemir, 2008, S.11).

Muhammed, der schon als Kind Götzen ablehnte, begann von nun an die Botschaft des Schöpfers, zunächst nur unter seinen Verwandten und engsten Freunden, zu verkünden. Einige glaubten und folgten ihm. Auf der anderen Seite jedoch stellten sich einige, wie zum Beispiel sein Onkel Abu Lahab, gegen ihn und versuchten den Propheten von seinem Vorhaben abzuhalten.

Mit den Mekkanern sollte es der ehrwürdige Prophet nicht so leicht haben. Daher verblieben die Muslime vorerst im Verborgenen und trafen sich heimlich in Häusern. Erst nach drei Jahren kam die göttliche Aufforderung, den Islam öffentlich zu verkünden. Damit begann auch die schwierigste Zeit der Muslime. Sie war gekennzeichnet von Unterdrückung, Folter, Grausamkeiten, Gewalt, Boykott und Misshandlung.

So wanderte eine Gruppe von Muslimen nach Abessinien aus. Der Prophet selbst erhoffte sich ein Gehör in Taif, doch auch hier wurde er nicht anders als in Mekka behandelt. Schnell wurde er von der Stadt mit Steinen vertrieben. Den Muslimen blieb nichts anderes übrig als der Einladung einer aus Medina stammenden Gruppe, welche dem Propheten ihren Treueeid leisteten und die Muslime nach Medina einluden, zu folgen.

Die Auswanderung (Hidschra) von Mekka nach Medina im Jahr 622 ist von weltgeschichtlicher Bedeutung und stellt den Beginn der islamischen Zeitrechnung dar. In Medina angekommen, wurde in kurzer Zeit ein islamischer Stadtstaat mit einer eigenen Verfassung gegründet, welche den Mekkanern ein Dorn im Auge war, so dass sie eine Armee gegen die Muslime aufrüsteten. So kam es in der Nähe von Medina zu mehreren militärischen Auseinandersetzungen und Schlachten.

Schließlich wurde zwischen beiden Parteien ein Friedensabkommen beschlossen, so dass die Muslime im Jahr 628 ihre Pilgerfahrt nach Mekka vollziehen konnten. Nachdem die Mekkaner jedoch den Waffenstillstand nach zwei Jahren gebrochen hatten, errangen die Muslime einen wichtigen Sieg in Khaybar und konnten anschließend Januar 630 wieder zurück nach Mekka. Die Muslime eroberten Mekka, ohne mit einer Gegenwehr konfrontiert zu werden. Der Prophet verkündete die frohe Botschaft persönlich an die Mekkaner: „Ihr seid alle frei", woraufhin viele Mekkaner den Islam annahmen. Diese Barmherzigkeit konnte nur aus der Quelle des Allbarmherzigen kommen.

Im Jahr 632 unternahm der Prophet an der Seite von Tausenden Muslimen die Pilgerfahrt, und hielt dort vor über 100.000 Gläubigen seine berühmte Abschiedspredigt, in der er nochmals an seine Botschaft erinnerte. Im selben Jahr erkrankte der Prophet schwer und verabschiedete sich am 8. Juni 632 vom Diesseits.

Seine Botschaft

Im Koran wird die Funktion des Propheten Muhammed dreierlei spezifiziert: als Zeuge, Bringer von froher Botschaft und Warner (Koran, 33:45). Im darauf folgenden Vers heißt es zugleich: „und mit Seiner Erlaubnis als einen Ausrufer zu Gott und als eine lichtspendende Leuchte" (Koran, 33:46). Die Leuchte spendet Licht. Nicht von sich selbst, sondern aufgrund des Brennstoffes. Der Brennstoff des Propheten sind die Offenbarungen, welche er vom Schöpfer erhalten hatte.

Die Lichtquelle ist daher ein Vermächtnis für die gesamte Umma.

Das gesamte Leben des Propheten Muhammed war gekennzeichnet von seiner leuchtenden und lichtspendenden Funktion. Schon vor seiner Prophetie hatte er eine wichtige gesellschaftliche Funktion und wurde als "Al-Amin" (der Vertrauenswürdige) bezeichnet. Keiner wurde Zeuge einer einzigen vertrauensbrechenden Handlung oder Lüge. Der Mensch Muhammed lebte schon vor seiner Berufung zum Propheten wie ein Prophet.

Der Prophet Muhammed verkündete die frohe Botschaft, dass es ausschließlich einen Schöpfer gibt, dass das Leben nur eine Prüfung ist und dass ein Leben nach dem Tod existiert. Er warnte die Menschen davor, ein Leben in Unrecht zu führen, und damit das Wohlgefallen Gottes zu verlieren.

Alles, was der Prophet von sich gab, kam aus der Quelle des Immerwährenden Lichtes. Dies wird auch in der Thora und der Bibel verkündet (vgl. Şahinöz, 2019b). So rechtleitete er die Menschen mit Hilfe des Rechtleitenden (Gott).

Seine Botschaft beinhaltete nicht nur Frieden und Segen im Jenseits, sondern auch schon im Diesseits. So schaffte er es, in einer kurzen Zeitspanne von 23 Jahren die Kultur eines gesamten Volkes zu verändern.

Sein Vermächtnis

Das Leben des Propheten ist gleichzeitig auch sein Vermächtnis an die späteren Muslime. Er erbte ihnen eine Gesellschaftsbasis, auf die Frieden und Freiheit aufgebaut werden können. Mit seiner Lebensart gab er den Muslimen eine Anleitung, eine Komplettlösung des Lebens. Hierfür ist seine Abschiedspredigt von großer Bedeutung. Schauen wir in diesem Hinblick auf einige der Eckpfeiler dieser Predigt:

„Ein Araber ist nicht vorzüglicher als ein Nichtaraber, noch ein Nichtaraber vorzüglicher als ein Araber; Ein Schwarzer ist nicht vorzüglicher als ein Weißer, noch ein Weißer als ein Schwarzer." Mit diesen Zeilen macht der Prophet deutlich, dass niemand wegen seiner Nation, Ethnie, Geschlecht, Herkunft oder Hautfarbe benachteiligt oder bevorteilt werden darf. Rassismus und Diskriminierung werden mit diesen Worten aus der Gesellschaft verbannt.

„Wahrlich, alle Dinge aus der Dschahilija (Zeit der Unkenntnis) sind nun unter meinen Füßen. Die Blutrache der Dschahilija ist aufgehoben." Alle vorislamischen Gebräuche, die nicht im Einklang mit dem Islam stehen, wie z.B. Blutrache, Ehrenmord oder Zwangsehe, werden vom Propheten aufgehoben. Er klagt diese an und beschreibt sie als unislamisch.

„Die Wucherzinsen aus der Dschahilija sind aufgehoben..." Mit dem Zinsverbot und dem gleichzeitigen Gebot für die Zakat (eine jährliche Spende der Muslime an Bedürftige), wird eine Brücke zwischen

Reich und Arm geschlagen. Dieses Erbe des Propheten Muhammed ist heute wichtiger als je zuvor.

„Ihr Leute, wahrlich euer Blut, euer Eigentum und eure Ehre sind unantastbar, bis ihr eurem Herrn gegenübersteht." Dies sind die ersten Pfeiler für die Menschenrechte. Vor 1400 Jahren, mitten in der Wüste, waren diese Worte revolutionär. Muhammed revolutionierte die Gesellschaft. Er zeigt durch diese Worte, dass nichts wichtiger ist, als die Würde des Menschen. Menschsein wird damit in das Zentrum gerückt. Doch auch etwas anderes rückt hier ins Blickfeld. Kein Mensch darf einen anderen Menschen richten. Der einzige Richter ist Gott, Der Richtende.

„Nichts, was dem Bruder gehört, ist einem erlaubt, es sei denn, er gibt es gerne und freiwillig. Tut euch selbst kein Unrecht. Ihr Menschen, jeder Muslim ist der Bruder des Anderen, und wahrlich, die Muslime sind Brüder." Im ersten Teil werden Diebstahl und Kriminalität eliminiert. Im zweiten Teil wird verdeutlicht, dass alle Muslime eine Familie sind. So sollten sie auch wie eine Familie handeln.

Alle diese Worte des Propheten sind für die Muslime wahrlich wertvollere Erbschaften als aller Reichtum der Welt. Denn diese Aussprachen basieren auf verschiedenen Versen des Korans und sind somit Wegweiser für die Muslime.

Muhammed aus Sicht der Nichtmuslime

Der Prophet Muhammed ist auf Grund seines Charakters nicht nur für Muslime ein Vorbild. Auch viele bekannte Nichtmuslime, die sein Leben und seine Botschaft studierten, waren überzeugt von seiner Wahrhaftigkeit. Einige dieser Persönlichkeiten werden hier wiedergegeben.

So schrieb der Dichter Goethe in seinem Divan:

«Jesus fühlte rein und dachte
Nur den Einen Gott im Stillen;
Wer ihn selbst zum Gotte machte
Kränkte seinen heil'gen Willen.
Und so muss das Rechte scheinen
Was auch Mahomet gelungen;
Nur durch den Begriff des Einen
Hat er alle Welt bezwungen.»
(West-östlicher Divan; WA I, 6, 288 ff)

«Oberhaupt der Geschöpfe - Muhammed.»
(West-östlicher Divan; WA I, 6, 482)

"Närrisch, dass jeder in seinem Falle
Seine besondere Meinung preist!
Wenn Islam ´Gott ergeben´ heißt,
In Islam leben und sterben wir alle."
(West-östlicher Divan; WA I, 6, 128)

«Ob der Koran von Ewigkeit sei?
Darnach frag' ich nicht ! ...
Dass er das Buch der Bücher sei

Glaub' ich aus Mosleminen-Pflicht»
(West-östlicher Divan; WA I, 6, 203)

Goethe brachte nicht nur seine Bewunderung für Muhammed sondern auch für den Islam und Koran zum Ausdruck. Er war davon überzeugt, dass sowohl Jesus als auch Muhammed, die Gesandten des Einen Schöpfers waren.

Der Schriftsteller Tolstoi fragte sich, „Warum lebe ich, was passiert mit mir nach dem Tod?" Die Philosophie konnte ihm hier keine Antwort geben. Selbstmord wurde für ihn zu einem Anziehungspunkt. In den letzten Jahren seines Lebens interessierte er sich für die Kirche. Doch die Kirchen, mit denen er sich beschäftigte, schlossen ihn aus. Auf Grund der Streitigkeiten, die er durchgemacht hatte, kam er zum Schluss „Ich suche den Glauben, der mich im Leben stärkt." So untersuchte er das Leben des Propheten Muhammed und schrieb dann in einem seiner Briefe als Ergebnis: „Jeder kluge Mensch würde ohne Zweifel Muhammed als Prophet des Einen Gottes erkennen" (2005, S.8).

Auf Grund eines Theaterstücks wird dem Autor Voltaire nachgesagt, dass er den Propheten Muhammed kritisiert. Dem ist jedoch nicht so. In einem Brief schrieb Voltaire, dass er dieses Theaterstück auf Befehl des Königs schreiben musste. Er selbst stimme dem Inhalt nicht zu: „Die Religion von Muhammed ist die schönste aller Religionen. Denn, wenn man aufmerksam schaut, dann merkt man, dass diese Religion seit seinen Anfängen von Gott geschützt wird" (1947, S.191).

Selbst Otto von Bismarck schrieb: „Alle Bücher, die in verschiedenen Epochen vom Himmel offenbart wurden, um die Menschheit zu verwalten und worüber behauptet wird, dass sie von göttlicher Seite stammen, habe ich erforscht. Weil sie verfälscht wurden, konnte ich in keinem die Weisheit finden, die ich suchte. Diese Gesetze sind von ihrem Wesen her weit entfernt, das Glück der Menschheit zu sichern. Aber der Koran der Muhammadaner ist davon ausgenommen. Ich habe den Koran in jeder Hinsicht von allen Gesichtspunkten her erforscht. Ich sah in jedem seiner Worte eine große Weisheit. Auch wenn es behauptet wird, dass dieses Buch die eigene Abfassung des Muhammads wäre; die Behauptung, ein solches Wunder sei aus einem äußerst vollkommenen Gehirn entstanden, bedeutet aber, dass man vor allen Tatsachen die Augen zuschließt und ein Werkzeug zur Gehässigkeit und böswilliger Gesinnung wird. Dies ist aber mit dem Wissen und der Weisheit unvereinbar. Ich behaupte folgendes: Muhammed ist von einer besonderen Bedeutung. Es ist fern von der Wahrscheinlichkeit, dass der Schöpfer eine solche Existenz zum zweiten Mal in den möglichen Bereich bringt. Ich bedaure mich darum, Oh Muhammed, dass ich nicht mit Dir in gleicher Zeit leben konnte! Dieses Buch (Koran), dessen Lehrer und Verkünder Du bist, ist nicht Deins. Es ist von Gott. Es abzustreiten, dass dieses Buch von Gott ist, ist so lächerlich, wie wenn man zu behaupten versuchen würde, dass die positiven Wissenschaften absurd seien. Darum hat die Menschheit ein besonders mächtiges Genie wie dich, einmal erlebt und wird es nie wieder erleben können. Ich beuge mich, bar deiner würdevollen Gegenwart in vollkommener Ehrfurcht" (Nursi, 2000c, S.262).

Der jüdische Physiker Michael H. Hart untersuchte die 100 einflussreichsten Personen der Menschheitsgeschichte. Auf Platz 1 stellte er den Propheten Muhammed. In der Einführung erklärt er, warum er dies tat: „So kommt es, dass in meiner Liste Muhammed vor Jesus steht. Ich bin der Meinung, dass der Prophet einen wesentlichen größeren Anteil an der Entstehung und der Entwicklung des Islam hatte als Jesus am Siegeszug des Christentums [...] Muhammed war der einzige Mensch in der Geschichte, der sowohl in weltlicher als auch in geistiger Hinsicht einen gleichermaßen überwältigenden dauerhaften Erfolg errungen hat. [...] Heute noch, 13 Jahrhunderte nach seinem Tode, ist seine charismatische Ausstrahlung ungebrochen. [...] Diese unvergleichliche Kombination von politischer und religiöser Macht rechtfertigt es, so meine ich, Muhammed als die einflussreichste Persönlichkeit in der Geschichte der Menschheit zu bezeichnen" (1985, S.11-19).

Der französische Dichter Alphonse de Lamartine schrieb folgendes über den Propheten Muhammed: „Wenn die Bedeutung des Zieles, die Kleinheit der Mittel und die überraschenden Ergebnisse die drei Kriterien eines menschlichen Genies sind - wer könnte es wagen, irgend einen großen Mann in der modernen Geschichte mit Muhammed zu vergleichen? Die meisten berühmten Männer schufen Waffen, Gesetze oder Reiche. Sie gründeten, wenn überhaupt, nichts mehr als materielle Macht, die meistens vor ihren Augen zerfiel. Dieser Mann (Muhammed) dagegen erschütterte nicht nur Armeen, Gesetzgebungen, Reiche, Völker und

Dynastien, sondern Millionen Menschen in einem Drittel der damals bewohnten Welt; und mehr als das, er erschütterte die Altare, die Götter, die Religionen, die Vorstellungen, Glauben und Seelen.... Seine Nachsicht nach dem Sieg, sein Streben, das völlig einer Idee gewidmet war und in keiner Weise sich um ein Reich bemühte: seine ständigen Gebete, seine tiefsinnigen Gespräche mit Gott, sein Tod und sein triumphaler Erfolg nach dem Tod, all dies zeugt nicht von einem Schwindler, sondern von einer standhaften inneren Gewissheit, die ihm die Kraft gab, einen Glaubenssatz wiederherzustellen. Dieser Glaubenssatz war zweifach: die Einheit und die Unstofflichkeit Gottes; das erste sagt uns, was Gott ist und das zweite sagt uns, was Gott nicht ist (nichts ist ihm ähnlich); das eine stürzt falsche Götter mit dem Schwert, das andere beginnt eine Idee mit Wörtern. Ein Philosoph, Redner, Vorkämpfer, Gesetzgeber, Krieger, Bezwinger von Ideen, Wiederhersteller von rationalen Dogmen und einer Verehrung ohne Bildnisse; der Gründer von zwanzig weltlichen Reichen und einem geistigen Reich: das ist Muhammed. Was alle Maßstäbe, mit denen menschliche Größe gemessen werden kann, betrifft, so können wir genauso gut fragen: gibt es einen größeren Menschen als ihn?" (1854, S.276ff).

Der Historiker Thomas Carlyle beschrieb den Propheten Muhammed als Helden: „Man hat an Muhammed seit seiner Kindheit beobachten können, dass er ein denkender Junge war. Und seine Gefährten nannten ihn Al-Amin (der Vertrauenswürdige, der Treue, der Ehrliche). Die Ehrlichkeit spiegelte sich in seinen Taten, Aussagen und Gedanken. Seine Gefährten haben bemerkt, dass in den Worten Muhammeds eine wirkungsvolle Weisheit steckte, wenn er redete. Er war ein Mensch, der sehr wenig redete, wenn es keinen Grund zum Reden gab. Doch wenn er etwas sagte, dann handelte es sich nur um sehr vernünftige Aussagen" (1853, S.27).

Der Bischof Benjamin Bosworth Smith beschrieb Muhammed folgendermaßen: „Er war Kaiser und Papst in einem: aber er war ein Papst ohne Anmaßung, ein Kaiser ohne die Legionen: ohne ein stehendes Heer, ohne Leibwache, ohne einen Palast und ohne ein festes Staatseinkommen; wenn irgendein Mann das Recht zu sagen hätte, dass er von Gottes Gnaden regierte, dann war es Muhammed, weil er die ganze Macht ohne ihre Instrumente und ohne ihre Stütze besaß" (1874, S.92).

Auch der Autor James A. Michener brachte seine Begeisterung für Muhammed zum Ausdruck: „Muhammed, der inspirierte Mann, der den Islam gründete, wurde etwa 570 n. Chr. in einem götzenanbetenden arabischen Stamm geboren. Verwaist als Kind, war er stets besonders besorgt um die Armen und Bedürftigen. Mit zwanzig war er schon ein erfolgreicher Geschäftsmann, und bald wurde er Leiter einer Kamelkarawane für eine reiche Witwe. Als er sein fünfundzwanzigstes Lebensjahr erreichte, schlug sie ihm eine Heirat vor, da sie seine Vortrefflichkeit erkannte. Trotz des Altersunterschieds, sie war fünfzehn Jahre älter als er, heiratete er sie und sie blieb, solange sie am Leben war, seine einzige Frau. Wie den größeren Propheten vor ihm, kam ihm nicht (eines Tages) in den Sinn, in Anbetracht seiner Unzulänglichkeit als Vermittler von

Gottes Wort zu fungieren. Der Engel befahl aber: 'Lies'. Soweit wir wissen, konnte Muhammed weder lesen noch schreiben, aber er fing an, die inspirierten Wörter, die bald einen großen Teil der Erde umwälzen sollten, zu diktieren: 'Es gibt nur einen Gott'. Muhammed war in allen Dingen äußerst sachlich. Als sein geliebter Sohn Ibrahim starb, fand eine Sonnenfinsternis statt, und es entstanden schnell Gerüchte über eine Beileidsbezeugung Gottes. Es wurde berichtet, dass Muhammed daraufhin sich folgendermaßen äußerte: 'Die Sonne und der Mond sind wahrlich zwei von den Wunderzeichen Gottes. Ihre Finsternis finden nicht wegen des Todes von irgendjemandem oder seines Lebens statt, wenn ihr so etwas seht, dann gedenkt Gottes!' Als sein (Muhammeds) Tod bekannt wurde und diese Nachricht die Muslime erschütterte, glaubte Umar, einer seiner Gefährten nicht, dass er tot war und hielt die Nachricht für eine Behauptung, die nicht stimme. Der Mann, der die administrative Führung nach dem Propheten übernehmen sollte (Abu Bakr), machte mit einer der edelsten Reden der religiösen Geschichte diesem Durcheinander ein Ende: 'O ihr Menschen! Wenn jemand Muhammed anbetet, Muhammed ist tot! Wenn jemand Allah anbetet, Allah lebt und wird nie sterben!'" (1955, S.68-70).

Der Historiker Edward Gibbon und der Orientalist Simon Ockley kamen in ihrer Untersuchung zum folgenden Ergebnis: „Nicht die Verbreitung seiner (Muhammeds) Religion, sondern ihre Dauer verdient unsere Bewunderung; derselbe reine und vollendete Eindruck, den er in Mekka und Medina tief einprägte, ist bewahrt worden, trotz Umwälzungen in zwölf Jahrhunderten durch indische, afrikanische und türkische Bekehrte des Koran. [...] Die Mahometaner (Muslime) haben einheitlich der Versuchung der Einschränkung des Gegenstandes ihres Glaubens auf dem Niveau der Sinne und Vorstellungen des Menschen widerstanden. ´Ich glaube an Einen Gott und Mahomet ist der Gesandte Gottes´, ist das einfache und unveränderliche Glaubensbekenntnis des Islam. Die gedankliche Vorstellung der Gottheit wurde niemals entwürdigt durch irgendein sichtbares Götzenbild: die Ehrungen des Propheten überschritten niemals das Maß der menschlichen Vorzüglichkeit; und seine lebendigen Vorschriften hielten die Dankbarkeit seiner Anhänger innerhalb der Grenzen der Vernunft und der Religion" (1870, S.54).

Der Islamwissenschaftler William Montgomery Watt beschrieb den Propheten mit voller Bewunderung: „Seine Bereitschaft, für seinen Glauben Verfolgung zu erdulden, der hohe moralische Charakter der Menschen, die an ihn glaubten und auf ihn als ein Leitpfad blickten, und die Größe seines vollendeten Werkes - all dies beweist seine fundamentale Rechtschaffenheit. Die Vermutung, dass er ein Schwindler sei, verursacht mehr Probleme, als sie zu lösen. Darüber hinaus wurde keine der großen Persönlichkeiten der Geschichte so dürftig im Abendland gewürdigt wie Muhammed" (1953, S.52).

Dr. Gustav Le Bon, der Begründer der Massenpsychologie, schrieb in seinem Werk "Die Kultur der Araber" folgendes über den Propheten Muhammed: „Wenn man den Wert der Männer mit ihren Taten messen würde, dann ist Muhammed einer der großartigsten Männer, den die Geschichte kennt. Die westlichen Forscher haben Muhammed stets gerecht beschrieben, obwohl der Religions-Fanatismus das Verständnis (den Einblick) vieler Historiker verblendet hatte, und sie seine Vorzüglichkeiten nicht anerkennen wollten" (1884, S.38).

Die Frauenrechtlerin Annie Besant untersuchte das Leben des Propheten Muhammed und kam zum folgenden Schluss: „Es ist für keinen, der das Leben und die Stellung des berühmten Propheten von Arabien studiert und weiß, wie er lehrte und lebte, möglich, etwas anderes außer Verehrung für jenen großen Propheten, einen der großen Gesandten Gottes zu empfinden. Und obwohl vieles, was ich in Worte fasse, vielen bekannt ist, fühle ich doch selbst immer, wenn ich es lese, einen neuen Weg der Bewunderung, ein neues Gefühl der Verehrung für jenen großen arabischen Lehrer" (1932, S.4).

Man könnte an dieser Stelle noch viele weitere nichtmuslimische Persönlichkeiten zitieren, die den Propheten Muhammed bewunderten. Dies ist jedoch nicht nötig. Durch die zitierten Aussagen wird deutlich, dass jemand, der objektiv und unvoreingenommen Muhammed studiert, zu der Erkenntnis kommen muss, dass dieser die Wahrheit gesprochen hat.

Du sollst deinen Nächsten Lieben - Nächstenliebe im Islam

Gewalt, Hass, Verbrechen und Kriminalität in der Gesellschaft können nur verhindert werden, wenn alle Individuen verstehen, dass eine funktionierende Gesellschaft im Interesse aller ist. Damit dieses Verständnis verankert wird, sind zwischenmenschliche Beziehungen, besonders die Nächstenliebe, wichtiger denn je. Was der Islam über die Nächstenliebe sagt, soll hier kurz behandelt werden.

Ali, der Schwiegersohn des Propheten Muhammed, sagte einmal: „Der Mensch mag das nicht, was er nicht kennt!" Das heißt, erst wenn sich die Menschen kennenlernen und merken, dass sie eigentlich gar nicht so verschieden sind, wie sie sich dachten, werden Nächstenliebe und Frieden in der Gesellschaft gefördert.

Die multikulturelle Gesellschaft ist tatsächlich viel homogener als wir immer denken oder einige von uns glauben möchten. „Das Unbekannte" oder „der Fremde" kommen einem oft so „anders" vor, dass man sich nicht wagt, ihm näher zu treten. Erst das Aufeinanderzugehen und Sichkennenlernen eröffnet neue Sichtweisen und neue Perspektiven.

So kann die Aussage eines Koranverses dahin gehend gedeutet werden, dass Gott die Menschen bewusst Weise unterschiedlich erschaffen hat, damit die Neugier dem Anderen gegenüber geweckt und das Kennenlernen unter den Menschen gefördert wird. Dieser Vers ist der folgende: „O ihr Menschen, Wir haben euch von einem männlichen und einem weiblichen Wesen erschaffen, und Wir haben euch zu Verbänden und Stämmen gemacht, damit ihr einander kennenlernt. Der Angesehenste von euch bei Gott, das ist der Gottesfürchtigste von euch" (Koran, 49:13). Die Unterschiede zwischen den Menschen gibt es also deshalb, damit sich die Menschen kennenlernen, sich gegenseitig unterstützen; und nicht damit sie sich gegenseitig verleugnen und miteinander im Streit liegen. Hiermit wird im Koran unter anderem ein Meilenstein gelegt, was das soziale Leben angeht. Differenzen zwischen verschiedenen Völkern sind natürlich; aber sie sollen nicht als Hindernis, sondern als Annäherungsgrund zueinander dienen. Das ausdrückliche Gebot der Gottesfürchtigkeit in diesem Zusammenhang unterstreicht außerdem die Bedeutung der gegenseitigen Toleranz.

Zudem verurteilte der Prophet Muhammed den Rassismus (Ebu Davud, Edeb: 113). Dies kann man verbinden mit dem Ausspruch: „Du sollst deinen Nächsten lieben wie dich selbst." (1. Buch Mose = Levitikus 19/17-18). So heißt es im Koran: „Dies ist es, wovon Allah Seinen Dienern, die glauben und gute Werke tun, die frohe Botschaft gibt. Sprich: 'Ich verlange von euch keinen Lohn dafür, es sei denn die Liebe zu den Verwandten (Nächsten).' Und dem, der eine gute Tat begeht, verschönern Wir sie noch. Wahrlich, Allah ist Allverzeihend, Dankbar" (Koran, 42:23).

Nächstenliebe des Propheten

Für die Nächstenliebe gibt es in der islamischen Literatur zahlreiche Quellen. In einem Ausspruch des Propheten

Muhammed heißt es, dass der Engel Gabriel ihm immer wieder mitteilte, wie wichtig es ist, Gutes für die Nachbarn zutun. Gabriel hätte dies so oft gesagt, dass der Prophet fast dachte, dass man sogar seinem Nachbar als Erben eintragen müsse (Buhari, Edeb 28; Müslim, Birr 140, 2624; Ebu Davud, Edeb 132, 5151; Tirmizi, Birr 28, 1943). Daher riet der Propheten den Muslimen, auf die Rechte der Nachbarn zu achten und gute Beziehungen zu pflegen.

Laut dem Propheten sollte jemand, der an den Schöpfer und das Jenseits glaubt, sein Essen mit seinem Nachbar teilen und ihm Gutes tun. Man solle am Besten dem Nachbar helfen, der einem örtlich gesehen am nächsten ist (Buhari, Edeb 32, Şüfa 3, Hibe 16; Ebu Davud, Edeb 132, 5155).

In einem anderen Ausspruch ist überliefert worden, der Prophet habe gesagt, dass derjenige, von dem sein Nachbar ausgeht, dass er ihm Schaden zubereiten könnte, nicht ins Paradies kommt (Buhari, Edeb 29; Müslim, İman 73, 46). Diese Aussage fordert den Muslim zu aktivem, positivem Verhalten seinem Nachbarn gegenüber auf. Er soll ihn nicht nur einfach in Ruhe lassen, sondern so behandeln, dass der Nachbar ihn niemals verdächtigen könnte.

Auch sagte der Prophet, dass derjenige, der eine kranke Person besucht, sich während der Besuchszeit zwischen den Früchten des Paradieses befindet (Müslim, Birr 40, 2568; Tirmizi, Cenaiz 2, 967). Die Engel würden für ihn beten, ein Platz im Paradies würde für ihn vorbereitet werden (Ebu Davud, Cenaiz 7, 3098; Tirmizi, Cenaiz 2,

969; İbnu Mace, Cenaiz 2, 1442; Tirmizi, Birr 67, 2009) und er würde sich vom Höllenfeuer entfernen (Ebu Davud, Cenaiz 7, 3097). Daher war der Prophet Muhammed bestrebt darin, Kranke zu besuchen (Ebu Davud, Cenaiz 9, 3102). Dabei machte er keine Ausnahme zwischen Muslimen und Nichtmuslimen oder dem sozialen Status eines Erkrankten. So besuchte er z.B. auch ein krankes jüdisches Kind (Buhari, Cenaiz 80, Merda 11; Ebu Davud, Cenaiz 5, 3095).

Auch trifft der Prophet eine wichtige Aussage, die auch heute noch ausschlaggebend für das friedvolle Zusammenleben ist. Demnach soll man entweder immer Positives sagen oder gar nichts (Buhari, Edeb 31, 85, Nikah 80, Rikak 23; Müslim, İman 74, 47; Ebu Davud, Edeb 132, 5154). Hiermit verbietet er explizit das Aufbringen von Gerüchten, Verleumdungen, Beleidigungen und üblen Nachreden.

Muhammed setzte sich auch für die Verbreitung des Schenkens ein. Stets beschenkte er Freunde und Verwandte. Wenn ihm jemand ein Geschenk gab, so beschenkte er auf jeden Fall diese Person zurück (Buhari, Hibe 11; Ebu Davud, Büyu 87, 3536; Tirmizi, Birr 34, 1954). In einem Ausspruch sagt er, dass ein Geschenk Feindschaft und Hass beenden kann. Dabei solle man nicht auf die Größe des Geschenkes achten, sondern auf die Absicht des Schenkenden (Tirmizi, Vela ve'l-Hibe 6, 2131; Tirmizi, Ahkam 10, 1338; Buhari, Edeb 30, Hibe 1; Müslim, Zekat 90, 1030; Tirmizi, Vela, 2131).

Für den Propheten war es außerdem sehr wichtig, einen Menschen anzulächeln. Er legte sehr großen Wert auf diese kleine aber wichtige Handlung. So war auch er es, der stets mit einem Lächeln seinen Gefährten begegnete (İmam Muhammed Bin Muhammed bin Süleyman er-Rudani, Büyük Hadis Külliyatı, Cem'ul-fevaid min Cami'il-usul ve Mecma'iz-zevaid, cilt 5, İz Yayıncılık, s.34; Huccetü'l İslam İmam Gazali, İhya'u Ulum'id-din, 2. cilt, Çeviri: Dr. Sıtkı Gülle, Huzur Yayınevi, İstanbul 1998, s.801).

Verhaltensweisen, wie z.B. jemanden zu loben, tolerant und hilfsbereit zu sein, gerecht zu handeln, freigebig und großherzig zu sein, Einladungen anzunehmen oder die Fehler anderer nicht zu beachten, waren im Alltag für Muhammed von großer Bedeutung.

Ja sogar das Grüßen eines Unbekannten auf der Straße zählt zu den wichtigsten Eigenschaften von Muhammed, der die Krönung der Schöpfung ist. Nicht umsonst sagte er, dass der Friedensgruß (As-salamu Alaikum) in der Gesellschaft verbreitet werden sollte (Müslim, İman 22). Zu Grüßen wäre sogar einer der Pflichten eines Muslims gegenüber eines anderen Muslims (Buhari C.4/609, Cenaiz 2; Müslim, Selam 4-2162; Ebu Davud, Edeb, 98-5030). So heißt es auch im Koran: „Und wenn ihr mit einem Gruß gegrüßt werdet, so grüßt mit einem schöneren zurück oder erwidert ihn. Wahrlich, Allah legt Rechenschaft über alle Dinge ab" (Koran, 4:86).

Nächstenliebe zu Juden und Christen

Said Nursi ist der Meinung, dass die Muslime nicht nur unter muslimischen Mitgläubigen zusammenhalten sollten, sondern auch mit den wahrhaft Frommen und mit den christlichen und jüdischen Geistlichen; sie sollten nicht all zu sehr auf die Meinungsverschiedenheiten eingehen und streiten. Das heißt nicht, dass es zwischen Muslimen, Christen und Juden keine Unterschiede gibt oder diese unwichtig sind. Vielmehr würde die ausschließliche Konzentration auf diese Unterschiede, die Gläubigen von ihrer noch wichtigeren Aufgabe ablenken, der modernen Welt eine Lebens- und Gesellschaftsvision anzubieten, in deren Zentrum der Glaube an Gott steht und deren moralischer Wertmaßstab der Glaube und das Suchen des Gotteswillens ist (Michel T.: Christlich-Islamischer Dialog und die Zusammenarbeit. Söz Basim: Istanbul, 2004, S.17).

Die Unterschiede zwischen den Religionen sind also gegeben. Doch diese sollten nicht das Zentrum des Zusammenlebens bilden. Die Gemeinsamkeiten können mit einem aufrichtigen Dialog hergestellt werden, nach dem Motto: Dialog verbindet Menschen! In unserem Fall sogar: Nächstenliebe verbindet Menschen!

Weiterhin heißt es im Koran: „Und streitet nicht mit dem Volk der Schrift" (Koran, 29:46). Die Leute der Schrift sind laut dem Koran die Juden, die Christen und die Sabäer. Den Muslimen wird geraten, gütig zu sein und gerecht zu verfahren: „Gott verbietet euch nicht, denen, die nicht gegen euch der Religion wegen gekämpft haben und euch nicht aus euren Wohnstätten vertrieben haben, Pietät zu zeigen und Gerechtigkeit angedeihen zu lassen. Gott liebt ja die, die gerecht handeln" (Koran, 60:8).

Nächstenliebe zu allen Geschöpfen Gottes

Der Islam beschränkt sich aber in der Nächstenliebe nicht auf Juden und Christen. Ganz im Gegenteil. Die Rechte aller Menschen, ganz gleich welcher Weltanschauung, bilden das Zentrum des islamischen Rechts. Sie dürfen nicht missachtet werden. Die ungerechte Behandlung eines Menschen ist im Islam ohne Ausnahmen untersagt.

Daher kennt der Islam die Semantik des „Anderen" nicht. Wenn der „Andere" nicht existiert, gibt es auch keinen „Fremden" und keinen „Gegner". Dies ist ein immenser Schritt im Bereich der Nächstenliebe. In dem der Islam den „Anderen" zum „Zugehörigen" macht, hebt er die Dichotomisierung in der Gesellschaft auf. Der Muslim ist dann verpflichtet, die Rechte eines jeden Menschen zu akzeptieren und aktiv Nächstenliebe zu betreiben.

Weiterhin verleiht der Islam dem Muslim ein Denkmuster, das ihm „zum Lieben" verleitet. Der Muslim liebt die Geschöpfe Gottes und sieht sie als Seine Kunstwerke an. Daher der Ausspruch des Dichters Yunus Emre: „Ich liebe das Geschöpf des Schöpfers Willen". Der aufrichtige Muslim betrachtet also jeden Menschen, jedes Tier, jede Pflanze, die Umwelt, die gesamte Schöpfung mit Liebe, da sie die Kunst Gottes sind.

Dagegen wird Hass und Ungerechtigkeit im Koran massiv untersagt. Hier einige Beispiele dazu: „Wenn jemand einen Menschen tötet, ohne dass dieser einen Mord begangen hätte, oder ohne dass ein Unheil im Lande geschehen wäre, es so sein soll, als hätte er die ganze Menschheit getötet; und wenn jemand einem

Menschen das Leben erhält, es so sein soll, als hätte er der ganzen Menschheit das Leben erhalten" (Koran, 5:32). „Tue Gutes, wie Allah dir Gutes getan hat; und begehre kein Unheil auf Erden; denn Allah liebt die Unheilstifter nicht" (Koran, 28:77). „Die da spenden in Freud und Leid und den Groll unterdrücken und den Menschen vergeben. Und Allah liebt die Rechtschaffenen" (Koran, 3:134).

Durch die Nächstenliebe schafft der Islam eine optimale Atmosphäre für ein friedfertiges Leben miteinander. Das Individuum lernt, Empathie und Toleranz zu zeigen und begegnet seinem Nächsten weder mit Hass noch mit Gewalt oder Neid. Der Muslim wird hierdurch zu einer Person, von der Sicherheit und Liebe ausstrahlt.

Krieg, Gewalt und Terrorismus im Islam

Der Islam untersagt das bewusste Töten eines jeden Lebewesens. Das unnötige Zertreten von Pflanzen oder Ameisen, die Tötung von Fliegen oder Spinnen oder das unnötige Abholzen von Bäumen oder Ästen fallen genauso zum Verbot des Tötens von Leben. Die Einschränkung gilt also nicht nur für Menschen, sondern alle Lebewesen, die unnötig, unschuldig oder bewusst getötet werden (Şahinöz, 2016, S. 66-70).

So ist es der Koran, der sagt, dass einem Menschen, der einen unschuldigen Menschen tötet, eine Sünde zugeschrieben wird, als hätte er die gesamte Menschheit getötet. Umgekehrt gilt, dass ein Mensch, der nur einem Menschen geholfen hat, so belohnt wird, als hätte er der gesamten Menschheit geholfen (Koran, 5:32).

Schon laut diesen Prinzipien sind Krieg und Gewalt für Muslime ausgeschlossen. Der einzige Krieg, der für Muslime in Frage kommen könnte, ist der Verteidigungskrieg. Nur diese ist legitim. Über die Logik einer Legitimation in der Verteidigung braucht man nicht zu diskutieren. So ist die gesamte Menschheitsjustiz auf dieser Logik aufgebaut.

Aber der Islam geht einen Schritt weiter. Es macht etwas, was es selbst in der menschlichen Justiz nicht gibt. Denn sogar in einem Kriegsfall dürfen Kranke, Senioren, Frauen, Kinder, Nichtkämpfende, Sich im Hause unter Schutz befindende Menschen, Zivilisten, Tiere und Pflanzen nicht angegriffen und Gebäude nicht zerstört werden. Said Nursi hierzu: „Könnte eine Scharia[1], die davor abhält, gar eine Ameise absichtlich zu zertreten oder ihr Schaden zuzufügen, jemals das Recht der Söhne Adams (der Menschen; Anmerkung des Autors) vernachlässigen?" (Nursi, 2011, S. 53ff).

Und auch wenn angreifende Soldaten im Krieg getötet werden, gibt es eine wichtige Bedingung, welches wir im zuvor erwähnten Beispiel mit Ali, dem Schwiegersohn des Propheten Muhammed, sehen konnten. Ali verschont seinen Gegner im Krieg, weil er ihn nicht auf Grund der Verteidigung, sondern auf Grund von Wut getötet hätte und somit zu einem Mörder werden würde.

Auch den viel zitierten Begriff des "Heiligen Krieges" kennt der Islam nicht. Zunächst einmal gibt es im Islam nichts "heiliges". Weder im Koran noch in den Aussagen des Propheten Muhammed findet man Begriffe wie Heiliger Krieg. Es gibt auch keine Übersetzung dafür in den Ländern mit überwiegend Muslimen, z.B. auf Arabisch oder Türkisch. Dieses Wort ist eher eine Fremdzuschreibung. Außenstehende haben diesen Begriff dem Islam und den Muslim zugeschrieben.

---

[1] „Scharia (der Weg der Religion; Anmerkung des Autors), besteht zu 99% aus Ethik, Gebet, Jenseits und Tugendhaftigkeit. Nur 1% ist Rechtsordnung, und damit sollten sich die Regierenden befassen" (Nursi, 2001a, S. 59). An anderer Stelle heißt es noch: „Wir haben den Sinn und das Ziel der Scharia nicht begriffen [...]. Scharia, welche zu neunundneunzig Teilen von hundert Teilen dich angeht. Ein Teil betrifft und obliegt den Regierenden" (vgl. Nursi, 1978, S. 23).

Natürlich spielt hier der Begriff des "Dschihad" eine wichtige Rolle. Doch auch dieser Begriff wird oft willkürlich ins Deutsche übersetzt ohne Bezug zur wahren Bedeutung des Wortes. Auch wenn heute allgemein bekannt ist, dass das Wort im Arabischen ein ganz gewöhnliches und alltäglich gebrauchtes Verb mit der Bedeutung „sich anstrengen" ist, wird es weiterhin öfters als Schlagwort verwendet. Von einigen Gruppen leider auch bewusst. Denn sowohl religiöse Extremisten als auch Rechtspopulisten verwenden den Begriff Dschihad in einem ganz anderen Kontext, weit entfernt von der eigentlichen Bedeutung ist.

Als der Prophet Muhammed zusammen mit seinen Gefährten von einem Gefecht in Tebuk nach Medina zurückkehrte, sagte er „Wir kommen aus dem kleinen Dschihad und ziehen in den großen Dschihad" (Razi, XXIII, 72; Beydavi, II, 97). Als er gefragt wurde, was den größer sein kann als das Geflecht, das sie gerade hatten, entgegnete der Prophet, dass der große Dschihad, der Kampf gegen das Negative in einem Menschen selbst ist, mit anderen Worten gegen den eigenen inneren Schweinehund. In einer anderen Überlieferung sagte er: „Ein echter Kämpfer ist jemand, der Dschihad gegen seine negativen inneren Triebe führt" (Tirmizî, Cihad, 2).

Dschihad ist also die Anstrengung, sich vom Schlechten abzuwenden und seine negativen inneren Triebe zu bändigen.

Said Nursi spricht von einem immateriellen, spirituellen Dschihad und meint, dass man nicht mit Waffen sondern mit Verstand und Herz gegen das negative in der Welt vorgehen soll (Nursi, 2001c, S. 458). Zudem schreibt er: „Unser Einsatz für die Beseitigung von Armut, dem Aneignen der Wissenschaft und für ein solidarisches Zusammenleben ist größter Dschihad" (vgl. Nursi, 1978, S. 23). Über dieses Verständnis sagt das Institut für Auslandsbeziehungen vom Deutschen Außenministerium: „Said Nursi lehnt den Fanatismus ab und mit ihm auch den Dschihad als ein Mittel der Gewalt, um die Gesellschaft zu verändern und den Unglauben zu bekämpfen" (Szyska, 2002, S. 25).

Auch der Islamgelehrte Imam Al-Ghazali betonte ähnlich wie Said Nursi: „Erkläre folgenden Feinden den Dschihad: Egoismus, Arroganz, Einbildung, Selbstsucht, Gier, Intoleranz, Habsucht, Zorn, Lüge, Betrug, Geschwätz und Verleumdung."

Eine andere Thematik, die in diesem Zusammenhang oft genannt wird, ist der Selbstmord. Obwohl der Selbstmord eins der größten Sünden im Islam ist und dieser Akt eine große Strafe mit sich bringt, wird diese Tat, die durch und durch politisch motiviert ist, dem Islam zugeschrieben.

Die Motivation zu Gewalt und Terror kommt also keineswegs aus der Religion. Denn laut den islamischen Vorschriften, dem Koran oder der Lebensweise des Propheten kann kein Muslim ein Terrorist sein.

Es ist in der Tat so, dass keine der Religionen Terror oder Gewalttaten in sich trägt. Es gibt dafür kein Potential in den Glaubensrichtungen. Das Produkt des Terrors ist immer Blut. Egal aus welchen Motiven her Terror droht, sei es politisch oder ideologisch. Terror hat keine Nation und keine Religion. Terror ist Terror. Kein Muslim kann ein Terrorist sein und kein Terrorist kann ein Muslim sein. Terror ist der Feind unserer aller Zukunft. Hier müssen alle Menschen zusammenhalten, ohne den Anderen zu beschuldigen. Beim Untersuchen der Religionen kann man feststellen, dass keine Art von Gewalt aus diesen Religionen abgeleitet werden kann. Vielmehr werden diese Religionen für die eigenen (meist politischen) Ziele benutzt, um Macht und Herrschaft zu erlangen.

Daher muss man differenzieren: Es wird ein Rezept aufgeschrieben, aber der Kranke liest es nicht oder nimmt die Medizin nicht. Liegt die Schuld dann am Rezept? Sicherlich nicht.

So befinden sich in der Apotheke der Offenbarungen die wunderschönsten Rezepte. Nur muss man sie richtig lesen und einnehmen. Man sollte also die Schuld nicht in den Religionen suchen, sondern bei jenen Gläubigen, die ihre Bücher nicht lesen.

Wenn man versucht, Gewalt oder Krieg aus dem Koran herauszulesen, macht man im Grunde das gleiche was man den Salafisten vorwirft, nämlich den Koran wortwörtlich zu lesen, ohne jeglichen Kontext. Auf diese Art und Weise kann man natürlich sowohl aus dem Koran, aber auch aus allen anderen Büchern der Welt - Altes Testament, Neues Testament, Herr der Ringe – Krieg herausphantasieren.

Was sagte der Prophet Muhammed zu Terrorgruppen?

Nach dem Koran sind die Aussprüche und Handlungen des Propheten Muhammed die wichtigste Quelle des Islams. Der Muslim orientiert sich an diesen. Diese Aussprüche wurden nach bestimmten Kriterien nach Authentizität überprüft und in vielen Bändern gesammelt. Überlieferungen, deren Authentizität nicht gesichert sind, werden nicht weiter beachtet und sind nicht bindend.

Die Aussprüche sind kategorisiert nach unterschiedlichen Themen. So gibt es auch Themen, die die Zukunft betreffen. In vielen dieser Überlieferungen wird vor bestimmten Gruppen gewarnt (Şahinöz, 2016, S. 71-74). U.a. warnt der Prophet von einer Gruppe, die den Koran und die Aussprüche viel lesen, sie aber nicht verstehen. Wenn man seine eigenen Gottesdienste mit denen dieser Gruppe vergleichen würde, würde man "beeindruckt" werden. Sie würden also von außen betrachtet sehr religiös wirken. Trotzdessen würden diese aus dem Islam austreten. Als Merkmal dieser Gruppe sagte der Prophet, dass sie ihren Anhängern eine Glatze schneiden lässt, auch den Frauen. Diese Überlieferungen passen zu den Charidschiten und Muhammad Ibn Abd al-Wahhab, die den Grundstein des heutigen religiösen Extremismus legten.

Und in der Tat findet man in diesem Zusammenhang auch zwei Aussprüche, die bemerkenswert auf die Terrororganisation IS zutreffen (Şahinöz, 2014).

Der erste Ausspruch wird überliefert von Ali, dem Schwiegersohn des Propheten Muhammed. Demnach sagte der Prophet: „Wenn ihr die schwarzen Flaggen seht, bleibt da wo ihr seid, bewegt eure Hände und Füße nicht. Es wird eine unbekannte schwache Gruppe erscheinen, ihre Herzen werden hart wie Eisenstücke sein. Sie werden als Staat auftreten. Sie werden mit niemandem Kompromisse eingehen/niemandem zuhören. Sie werden (scheinbar) zur Wahrheit rufen, aber nicht von den Leuten (der Wahrheit) sein. Ihre Namen werden anonym sein, ihre Abstammung wird unbekannt sein. Ihre Haare werden wie Frauenhaarare herabhängen. Sie werden untereinander einen Streit haben. Dann wird, Allah einer Seite (in ihrem Streit) rechtgeben" (Al-Haddad, 1991, Hadith Nr. 558).

Die Übereinstimmung dieses Ausspruchs mit dem IS ist überwältigend. IS ist in der Tat sowohl für Muslime als auch für Nichtmuslime eine unbekannte Gruppe gewesen. Für die überwältigende Mehrheit kam sie aus dem "Nichts". Sie treten mit schwarzen Flaggen auf und bezeichnen sich als Staat. Ihre Herzen sind kalt und sie verhandeln mit niemandem. Sie sind nicht im Geringsten mit dem Islam vereinbar, rufen jedoch zum Islam auf. Ihre Namen kennt niemand. Sie tragen nur Spitznamen. Ihr Anführer Abu Bakr Al-Baghdadi z.B. heißt in Wirklichkeit Ibrahim Avad Ibrahim Ali Bedri. Auch ihre Abstammung ist unbekannt. Abu Bakr Al-Baghdadi kommt nicht aus Bagdad, wie sein Name vermuten lässt, sondern aus Samara.

Ein zweiter Ausspruch wird von Abu Huraira überliefert. Der Prophet Muhammed sagte: „Nach mir gibt es 4 große

Fitnas (Spaltungen). In der ersten Fitna wird das Blut der Muslime als erlaubt angesehen. In der zweiten Fitna wird sowohl ihr Blut als auch ihr Hab und Gut als erlaubt angesehen werden. In der dritten Fitna wird das Blut, Hab und Gut, und ihre Geschlechtsorgane als erlaubt angesehen werden. In der vierten Fitna werden Taube, Blinde, Verborgene wie eine Flutwelle, die Welt überrollen. Niemand wird sich verstecken können. Dies wird in Sham (Syrien) beginnen, sich über den kompletten Irak verbreiten, auf die arabische Halbinsel vorstoßen mit ihren Händen und Füßen. So wie die Gerber das Leder gerben, wird die ganze Ummah (muslimische Gemeinschaft) von ihrem Schlag/ihrer Welle erwischt werden. Niemand kann dazu ´Es reicht, es reicht´ sagen. Sie wird auf einer Seite verharren und dann plötzlich wieder wo anders ausbrechen" (Al-Haddad, 1991, Hadith Nr. 89).

In dieser Überlieferung wird die Brutalität dieser Gewalttäter deutlich. Zudem gibt der Prophet an, dass sich diese Gruppe in Syrien formen und nach Irak ausweiten wird. Sie werden bis nach Saudi-Arabien vorstoßen und die ganze muslimische Gemeinschaft wird an ihnen Leiden.

Dass der Prophet diese Überlieferungen machte, zeigt deutlich, welch eine Gefahr von diesen und ähnlichen Gruppen ausgeht. Diese Gefahr betrifft sowohl Muslime als auch Nichtmuslime. Die Botschaft des Propheten ist klar: Muslime sollen sich nicht diesen Gruppen anschließen und sich von diesen nicht irritieren lassen. Wie in der ersten Überlieferung schon gesagt, treten sie nur scheinbar im Namen des Islams auf.

In der ersten Überlieferung wird auch das Ende der IS beschrieben: „Sie werden untereinander einen Streit haben." Das heißt, es ist davon auszugehen, dass sie sich spalten und wohlmöglich selbst bekriegen werden. Dies wird zu ihrem Ende führen.

Zum Abschluss zwei weitere Aussprüche des Propheten: „Wer zu Fanatismus aufruft und für ihn kämpft und stirbt, der ist nicht von uns." (Sunan Abu Dawud, Nr. 5121) und „Wer in seinem Herz in der Größe eines Senfkorns Fanatismus hegt, den wird Gott am Jüngsten Tag zusammen mit den Wüstenbewohner der (vorislamischen) Zeit der Ignoranz auferstehen lassen." (Usul-e Kafi, Bd. 2, S. 308, Bab-e Al Asybah).

Literatur

- Aköz E., Atal N.: Said Nursi´den Fethullah Gülen´e Nur Cemaati. Artikelserie in Sabah (Türkische Zeitung) vom 12.12.2004 bis 06.01.2005
- Besant A.: The Life and Teaching of Mohammed. Madras,1932
- Bilici M.: Forgetting Gramsci and Remembering Said Nursi: Parallel Theories of Gramsci and Said Nursi in the Space of Eurocentrism. In: Abu-Rabi I. (Hrsg.): Islam at the Crossroads. On the Life and Thought of Bediuzzaman Said Nursi. State University of New York Press: New York, 2003, S. 167-180
- Carlyle T.: Helden, Heldenverehrung und Heldentum in der Geschichte. Neuberg: Berlin, 1853
- De Lamertine A. : Histoire de la Turquie. Paris 1854, Vol.11, S. 276-77
- Eren S.: Kur´an ve Toplum. Kur´an dan Sosyolojik Gerçekler. Alternatif: Istanbul, 2004
- Gibbon E., Ockley S.: History of the Saracen Empire. London, 1870
- Goethe: West-östlicher Divan. Reclam: Frankfurt am Main, 1999
- Hart M. H.: Die 100 einflussreichsten Personen der Menschheitsgeschichte. WGV: München, 1985
- Kandemir Y.: Unser Prophet der Barmherzige Muhammed. IGMG: Steinhagen, 2008
- Le Bon G.: Die Kultur der Araber. 1884
- Lemmen T.: Die Nurdschuluk-Bewegung / Jama'at-un Nur. Im Internet: http://www.chrislages.de/nurculuk.htm. 1997

- Mardin Ş.: Reflections on Said Nursi´s Life an Thought. In: Abu-Rabi I. (Hrsg.): Islam at the Crossroads. On the Life and Thought of Bediuzzaman Said Nursi. State University of New York Press: New York, 2003, S. 45-50
- Michener J. A.: Islam, the Misunderstood Religion. In: The Reader's Digest (U.S.-Ausgabe), Mai 1955, S.68-70
- Nursi S.: Divan-i Harb-i Örfi. Sözler: Istanbul, 1978
- Nursi S.: Hutbe-i Samiye. Yeni Asya: Istanbul, 1995
- Nursi S.: Kastamonu Lahikasi. Yeni Asya: Istanbul, 2000a
- Nursi S.: Sualar. Yeni Asya: Istanbul, 2000b
- Nursi S.: İşaratü´l-İ´caz. Yeni Asya. Istanbul, 2000c
- Nursi S.: Tarihce-i Hayat. Yeni Asya: Istanbul, 2001a
- Nursi S.: Mektubat. Yeni Asya: Istanbul, 2001b
- Nursi S.: Emirdag Lahikasi. Yeni Asya: Istanbul, 2001c
- Nursi S.: Bruderlichkeit. Sözler: Istanbul, 2002
- Nursi S.: Die Lichtstrahlen. Sözler: Istanbul, 2004a
- Nursi S.: Die Briefe. Sözler: Istanbul, 2004b
- Nursi S.: The Flashes. Sözler: Istanbul, 2004c
- Nursi S.: Diskussionen. Yeni Asya: Köln, 2011
- Nursi S.: Briefe aus Kastamonu. Hizmet Vakfi Yayinlari: Istanbul, k.A.a
- Nursi S.: Sein Leben und Werk. Hizmet Vakfi Yayinlari: Istanbul, k.A.b
- Nursi S.: Worte. Vfjhe.V. Druck: Köln, k.A.c
- Nursi S.: Blitze. Vfjhe.V. Druck: Köln, k.A.d
- Nursi S.: Ärztliches Rezept. Hizmet Vakfi Yayinlari: Istanbul, k.A.e

- Nursi S.: Strahlen. Vfjhe.V. Druck: Köln, k.A.f
- Nursi S.: Briefe. Vfjhe.V. Druck: Köln, k.A.g
- Nursi S.: Briefe aus Emirdağ. Hizmet Vakfi Yayinlari: Istanbul, k.A.h
- Vahide Ş.: Dschihad in modernen Zeiten. Bediüzzaman Said Nursi´s Interpretation des Dschihad. In: Jama´at-un Nur (Hrsg.): Said Nursi im Spiegel westeuropäischer Diskussionen. Jama´at-un Nur: Köln, 1999, S. 24-41
- Yavuz H.: Die Renaissance des religiösen Bewusstseins in der Türkei: Nur-Studienzirkel. In: Göle N., Ammann L. (Hrsg.): Islam in Sicht. Der Auftritt von Muslimen im öffentlichen Raum. Transcript: Bielefeld, 2004, S. 121-146
- Şahinöz C.: Warum radikalisieren sich Jugendliche? Migazin, 08.09.2014
- Şahinöz C.: Islamisches Wörterbuch. Astec: Bochum, 2015
- Şahinöz C.: Salafismus- Extremismus und Fanatismus verstehen und handeln. BOD: Norderstedt, 2016
- Şahinöz C.: Wer bist du? Die Reise des Menschen. 12. Auflage. Astec: Bochum, 2018
- Şahinöz C.: Ahlaq – Moral und Ethik im Islam. Astec: Bochum, 2019a
- Şahinöz, C.: Muhammed in der Thora und der Bibel. 2. Auflage. Astec: Bochum, 2019b
- Şahinöz C.: Die Nurculuk Bewegung. Entstehung, Organisation und Vernetzung. 4. Auflage. BOD: Norderstedt, 2019c
- Smith B. B.: Mohammad and Mohammadanism. London, 1874

- Szyska C.: Reformen und Reaktionen. Wie reformresistent ist der Islam? Ein historischer Überblick. In: Kultur-Austauch, 01/2002, S. 22-27
- Tolstoi: Hz. Muhammed. Karakutu: Istanbul, 2005
- Voltaire: Feylesofca Konusmalar ve Fikralar I. Milli Egitim Basimevi: Ankara, 1947
- Watt W. M.: Mohammed at Mecca. Oxford, 1953

Chronologie des Lebens von Said Nursi

Vorbemerkung

1. Die nachstehende kurze Biographie Said Nursis orientiert sich an der Biographie Sükran Vahides, die 1992 in Istanbul erschienen ist.

2. In ihr wird das Leben Nursis in drei große Abschnitte unterteilt:

(a) der "Alte Said",

(b) der "Neue Said" und

(c) der "Dritte Said".

1877-1920 "Der Alte Said"

1877

Said Nursi wird als siebentes Kind einer kinderreichen Familie im ostanatolischen Dorf Nurs geboren.

1886

Mit ca. zehn Jahren begann Nursi seine Ausbildung an der örtlichen Medrese.

1886 – 1891

Gemäß dem damaligen Curriculum erlernt er die Grundzüge der arabischen Grammatik. Der Unterricht stellt ihn jedoch nicht zufrieden, so dass er in den folgenden Monaten immer wieder die Medresen wechselte.

1891

Schließlich traf er auf Scheich Muhammed Jalali, bei dem er eine Weile blieb. Da er den Eindruck gewonnen hatte, dass der Unterricht reformbedürftig sei, konzentrierte sich Nursi auf wenige Schlüsseltexte und bestand - für die damalige Zeit ungewöhnlich - das Abschlussexamen innerhalb von drei Monaten. Damit vermochte er zu beweisen, dass Veränderungen notwendig waren. In den anschließenden Diskussionen mit den Gelehrten seiner Heimatprovinz erwies sich Nursi als überlegender Gelehrter, was ihm den Ehrentitel Bediüzzaman, Wunder der Epoche, eintrug.

1892

Die Auseinandersetzung mit den Fragen der Zeit, führte ihn zur Einsicht in die Grundprobleme der Gemeinschaft der Muslime.

1893 – 1895 Bitlis

Man nimmt heute an, dass Nursi etwa zwei Jahre in Bitlis lebte, wo er vierzig – nach dem Verständnis des Medresen Curriculums – Hauptwerke auswendig lernt.

1895 – 1897 Van

Nursi gelang die Gründung einer eigenen Medrese, in der er seine Ideen einer Bildungsreform umzusetzen versuchte. Gleichzeitig las er alle erreichbaren (Lehr-) Bücher, in denen die damals bekannten Naturwissenschaften dargestellt wurden. So gewann er die Idee einer Universität, in der religiöse und naturwissenschaftliche Lehrer und Forscher gemeinsam arbeiten sollten. Während seines Vaner Aufenthaltes wenden sich immer wieder einzelne Stämme an den jungen Gelehrten, um ihn als Mediatoren in ihren Konflikten zu gewinnen. Dabei zeichnet Nursi sich nicht nur durch persönliche Tapferkeit aus, sondern auch als Friedensstifter.

1907 Istanbul

Gegen Ende des Jahres 1907 reiste Nursi in die Hauptstadt des osmanischen Reiches, Istanbul, um dort für die Idee einer ostanatolischen Universität zu werben. Und der bis dahin unbekannte Gelehrte aus Ostanatolien wurde in kurzer Zeit so bekannt, dass es zu einer Begegnung mit dem regierenden Sultan, Abdul Hamid II, kam. Als im Sommer 1908 die zweite Verfassung in Kraft trat, da engagierte sich Nursi in Zeitungsartikeln und Aufsätzen für sie. So wurde er Mitglied der Ittihad-i-Muhammedi (Muhammedanische Gesellschaft für die muslimische Einheit), was ihn vor ein Kriegsgericht brachte, welches ihn jedoch frei sprach. 1910 veröffentlichte er unter dem Titel "Nutuk" einen Sammelband mit Aufsätzen und Reden.

1910

Im Sommer dieses Jahres bereiste Nursi die ostanatolischen Stämme, um sie von der neuen Politik zu überzeugen, denn er war der Meinung, dass der Konstitutionalismus die Einheit und den Fortschritt der islamischen Welt fördern würde. Die zahlreichen Reden und Gespräche jener Monate wurden später in zwei Bänden zusammengefasst veröffentlicht: "Ärztliches Rezept" (1911) und "Diskussionen" (1913).

1911

Im Verlauf seiner Reise erreichte Nursi u.a. auch Damaskus, wo man ihn bittet in der Omayyadenmoschee eine Predigt zu halten, was er in fließendem Arabisch tat.

Nachdem ihr Text zwei Mal nachgedruckt werden musste, erscheint ein darauf folgenden Jahr ein türkische Übersetzung. Kaum nach Istanbul zurückgekehrt, wird er aufgefordert den Sultan auf dessen Balkanreise zu begleiten, während der man ihm die Unterstützung für die Gründung einer ostanatolischen Universität zusagt.

1912

So kommt es ein Jahr später zur Grundsteinlegung seiner Universität, der Medresetü'z-Zehra. In den folgenden Monaten unterrichtete der inzwischen berühmte Gelehrte an seiner alten Medrese in Van.

1914

Mit Ausbruch des Ersten Weltkrieges wurde aus dem Lehrer der Befehlshaber seiner Provinz und zugleich Kommandeur eines studentischen Freiwilligen Regimentes, dessen Kern seine eigenen Studenten bildeten, mit denen er sich mehrfach u.a. bei der Verteidigung der Stadt Bitlis auszeichnet. In den Kampfpausen diktierte Nursi seinen später bekannt gewordenen Korankommentar "Der Koran - Ein Zeichen des Wunders".

1916 – 1918

Schließlich wurde das Regiment von der russischen Armee gefangen genommen, und er selber in ein Lager an der Wolga verbracht, von wo ihm im Sommer 1918 die Flucht über Berlin nach Istanbul gelang.

1918 – 1920

Mit seiner Ernennung zum Mitglied des höchsten osmanischen Rates für Fragen der Bildung, des Darü'l-

Hikmeti´l-Islamiye, begannen Monate intensiven Arbeitens, deren Frucht nicht nur eine große Zahl von Publikationen waren, sondern zugleich eines sozialen Engagement, das ihn u.a. Mitglied in der neuen Gesellschaft des Grünen Halbmondes werden ließ, die sich gegen die Verbreitung des Alkohols wandte.

1920 – 1950 "Der Neue Said"

1920

Mit Mitte vierzig zog sich der inzwischen so erfolgreiche Gelehrte in die Einsamkeit zurück, um nachzudenken, zu meditieren, was einen tiefen Wandlungsprozess einleitete, an dessen Ende Nursi zur Erkenntnis gelangte, dass die muslimische Welt sich in einer Krise befände. Nursis Lösung war die Rückbesinnung auf den Koran als Glaubensquelle und die bewusste Entscheidung zum Leben im Glauben. In dieser Zeit schrieb und publizierte er eine Reihe von Arbeiten in arabischer Sprache, die ins Türkische übersetzt unter dem Titel "Harmonie des Lichts" erschienen.

1922

Nach mehrfachen Einladungen der neuen Regierung fährt Said Nursi nach Ankara, wo ihn das Parlament offiziell empfängt. Er findet soviel Resonanz, dass man ihm anbietet die eine oder andere Aufgabe zu übernehmen. Allerdings gelingt es ihm, die Abgeordneten von der Idee einer Universität in Ostanatolien zu überzeugen. Doch trotz der Bewilligung der staatlichen Fördermittel für diese Universität machen die Umstände den wirklichen Bau unmöglich.

1923 – 1925

In der für islamische Gelehrte charakteristischen Weise zieht sich der nun Fünfzigjährige aus der Politik und dem gesellschaftlichen Leben zurück, um mit einer kleinen Gruppe von Schülern zu beten und zu meditieren. Als im Februar 1925 ein religiös motivierter Aufstand ausbricht, schreibt er gegen ihn an. Dennoch stellt ihn die Regierung unter Aufsicht, "verlegt" ob seiner Beliebtheit in den folgenden Jahren von einem Ort zum anderen.

1926 – 1935

Wie im Protest zur Tagespolitik erscheinen in diesen Jahren Abhandlungen, Briefe und längere Texte, die sich mit dem Jenseits, der Verantwortung des Menschen, seinem Glauben und der Offenbarung auseinandersetzen. Dabei wächst seine Popularität ebenso wie der Kreis seiner Schüler, was die Behörden dazu veranlasst, ihn über Klagen immer wieder ins Gefängnis zu stecken.

1936 – 1949

Während seiner langen Wanderung durch Gefängnisse und Verbannungen entstehen heimlich eine große Zahl von Arbeiten, die seine Schüler auf den unterschiedlichsten Wegen trotz aller Kontrollen erreichen und von diesen abgeschrieben werden, um danach weiter zu kursieren. Auf diese Weise entsteht ein weiter Kreis von Schülern in allen Bevölkerungsschichten. Schließlich entlässt man ihn im Dezember 1949.

1950 – 1960 "Der Dritte Said"

1950

Die politischen Veränderungen in der Türkei bringen nicht nur eine Generalamnestie, sondern zugleich eine Freiheit, die Nursi nutzt. Ein Jahr später beschließt die Regierung endlich die von ihm so lange ersehnte Universität in Ostanatolien zu bauen. Obwohl sie nicht seiner islamischen Konzeption entspricht, begrüßt er die Entscheidung.

1956 - 1960

Erst im Juni 1956 gibt ein Gericht in Afyon das inzwischen zu dem Risale-i-Nur, dem Sendschreiben des Lichtes, herangewachsene Gesamtwerk des Gelehrten zum Druck frei. Inzwischen sprechen seine Schüler und Außenstehende von seinem Kreis der Schüler als der "jama´at-i-nur", der Gemeinschaft des Lichtes.
In den letzten Jahren seines Lebens reist er noch einmal zu den Orten seines Lebens. Schließlich stirbt er am 23. März 1960 in Urfa, wo ihn seine Schüler auch begraben. In einer Nacht und Nebel Aktion am 12. Juli 1960 wird jedoch sein Leichnam auf Befehl der Militärjunta aus gegraben und an einen unbekannten Ort verbracht.

Das Gesamtwerk Risale-i Nur im Überblick

- 33 Fenster
- 6 Große Namen Gottes
- Abhandlung über die Natur
- Ärztliches Rezept
- Beweise erhabener Glaubenswahrheiten
- Blitze
- Briefe aus Barla
- Briefe aus Emirdağ
- Briefe aus Kastamonu
- Bruderschaft und Wahrhaftigkeit im Islam
- Das große Zeichen
- Das Ich
- Das Oberste Zeichen
- Das Siegel der Bestätigung aus dem Verborgenen
- Der Koran - Ein Zeichen des Wunders
- Die Auferstehung
- Die Auferstehung und das Jenseits
- Die Briefe
- Die erste Tür des Nur
- Die Ewigkeit
- Die Fliegen
- Die Früchte des Glaubens
- Die Harmonie des Lichtes
- Die Lichtblitze
- Die Lichtstrahlen
- Die Worte
- Diskussionen
- Ein Schlüssel zum Glauben
- Gott und das Jenseits
- Harmonie des Lichts
- Heilmittel für Kranke
- Im Aufscheinen des Morgensterns
- Islamische Glaubenswahrheiten
- Kleine Worte
- Kurze Wörter
- Leuchtende Rechtleitung
- Mensch und Universum
- Ramadan
- Sein Leben und Werk
- Stab Mosis
- Strahlen
- Tröstung für die Alten
- Wegweiser für die Jugend
- Wunder Muhammeds

Informationen über das Gesamtwerk Risale-i Nur und Bediüzzaman Said Nursi

www.jamaatunnur.com   www.said-nursi-symposium.de
www.misawa.de   www.lesen24.com
www.erna-nur.com   www.medresehannover.de

avnialtin@yahoo.de   info@jamaatunnur.com
cemil.sahinoez@gmx.de info@said-nursi-symposium.de

Weiterführende Literatur:

- Aries W., Ülker R. (Hrsg.): Das Bild vom Menschen. Lit: Berlin, 2009
- Aries W., Ülker R. (Hrsg.): Dietrich Bonhoeffer, Alfred Delp und Said Nursi: Christentum und Islam im Gegenüber zu den Totalitarismen. Lit: Münster, 2004
- Michel T.: Christlich-Islamischer Dialog und die Zusammenarbeit nach Bediüzzaman Said Nursi. Söz Basim Yayin: Istanbul, 2004
- Michel T.: Said Nursi´s Views on Muslim-Christian Understanding. Söz Basim Yayin: Istanbul, 2005
- Özel M. N.: Müsbet Hareket Metodu. Risale-i Nur Araştırma Merkezi: k.A., 2017
- Paksu M.: Said Nursi. Die Biographie eines modernen Helden. Nesil: Istanbul, 2008
- Riexinger M., Ucar B. (Hrsg.): Ein traditioneller Gelehrter stellt sich der Moderne. Said Nursi 1876–1960. V&R unipress: Göttingen, 2017
- Şahinöz C., Altıner A. (Hrsg.): Islamische Seelsorge bei Said Nursi. BOD: Norderstedt, 2018

- Şahinöz C.: Die Nurculuk Bewegung. Entstehung, Organisation und Vernetzung. 4. Auflage. BOD: Norderstedt, 2019
- Ülker R., Aries W.: Gläubiger Bürger in der pluralen Gesellschaft – Muslime im Dialog. Lit: Berlin, 2006
- Vahide S.: Ein Beitrag zu einer "Intellektuellen Biographie" Said Nursis. Söz Basim Yayin: Istanbul, 2004
- Vahide S.: Islam in Modern Turkey. Suny: New York, 2005

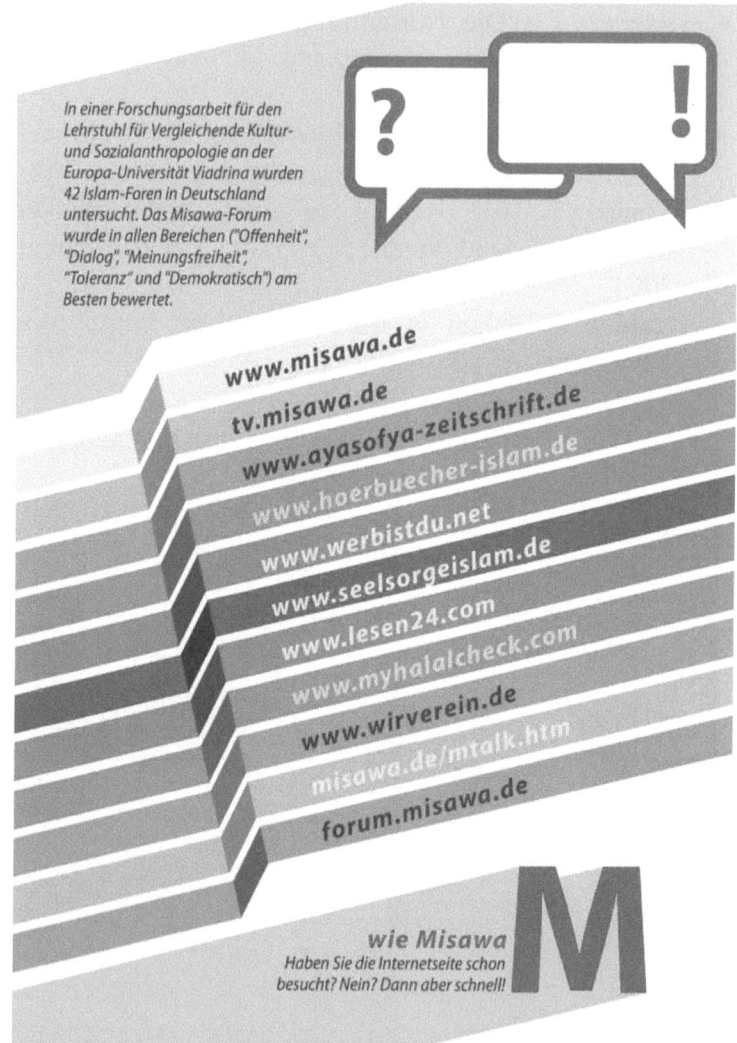

In einer Forschungsarbeit für den Lehrstuhl für Vergleichende Kultur- und Sozialanthropologie an der Europa-Universität Viadrina wurden 42 Islam-Foren in Deutschland untersucht. Das Misawa-Forum wurde in allen Bereichen ("Offenheit", "Dialog", "Meinungsfreiheit", "Toleranz" und "Demokratisch") am Besten bewertet.

www.misawa.de
tv.misawa.de
www.ayasofya-zeitschrift.de
www.hoerbuecher-islam.de
www.werbistdu.net
www.seelsorgeislam.de
www.lesen24.com
www.myhalalcheck.com
www.wirverein.de
misawa.de/mtalk.htm
forum.misawa.de

wie Misawa
Haben Sie die Internetseite schon besucht? Nein? Dann aber schnell!

M

Zum Autor

Dr. Cemil Şahinöz (Soziologe, Religionspsychologe, Familienberater, Integrationsbeauftragter, geboren 1981) ist Gründer und Chefredakteur der Zeitschrift "Ayasofya". Er hat verschiedene Bücher übersetzt und verfasst. Sein erstes Buch schrieb er mit 15 Jahren und mit 16 Jahren brachte er seine erste monatliche Zeitschrift heraus. Sein Aufsatz "Situation der türkischen Familien in Europa" wurde 2006 von Diyanet (DİTİB) zum "Besten Aufsatz des Jahres" gewählt. Zu verschiedensten Themen macht er Vorträge, Seminare, Fortbildungen, Konferenzen und Workshops. Er ist in verschiedenen Zeitungen und Zeitschriften als Journalist und Kolumnist tätig. Als Journalist begleitete er den deutschen Bundespräsident Christian Wulff und den türkischen Staatspräsidenten Abdullah Gül bei ihrem Osnabrück-Besuch. Şahinöz moderierte den Podcast "Misawa Talk". Hauptberuflich ist er in der Integrationsagentur und Familienberatung tätig. Nebenbei ist er in der türkischen Glücksspielsuchthotline tätig. In der Vergangenheit arbeitete er als Lehrer, Projektmanager, Seelsorger für muslimische Häftlinge, Übersetzer, Editor und Leiter von pädagogischen Angeboten. Seine Webseite (www.misawa.de) wurde unter 42 deutschen Islamseiten in den Bereichen "Offenheit", "Dialog", "Meinungsfreiheit", "Toleranz" und "Demokratisch" in einer Forschungsarbeit an einer Universität am besten bewertet. Als Dank und Auszeichnung für sein Engagement im Bereich Integration wurde er von Bundeskanzlerin Dr. Angela Merkel empfangen und seine Arbeit auf diesem Gebiet gelobt. Şahinöz traf sich u.a. auch mit dem muslimischen Berater von Barack Obama, Rashad Hussain, und gab ihm Informationen über die Muslime und ihren Organisationen in Deutschland. Der AIB (Europäischer Arbeitgeber und Akademiker Verbandes NRW) verlieh ihm im Juni 2011 den "Akademiker- und Integrationspreis." In der Focus Ausgabe Nr. 39 (19.09.2015) wurde er als einer der intellektuellen, muslimischen Jugendlichen in Deutschland vorgestellt und als "Seelsorger" betitelt. Şahinöz ist zu dem Vorsitzender des Bündnis Islamischer Gemeinden (Dachverband der muslimischen Einrichtungen in Bielefeld) und Gründungsmitglied, Generalsekretär und ehemaliger Vorsitzender der European Risale-i Nur Association (Dachverband der Nurculuk Bewegung in Europa).

Kontakt: cemil.sahinoez@gmx.de,   www.misawa.de,
http://twitter.com/Cemil_Sahinoez
https://www.facebook.com/CemilSa
http://instagram.com/cemilshnz
https://www.youtube.com/user/Cemil4000